初心者でも、
一人暮らしでも、
日当たりの悪い
部屋でも！

私のゆるっと植物生活

くるみどりちゃんねる

ワニブックス

SNSで見かける
緑のある素敵な暮らし。

憧れるし、やってみたいけど、
ちゃんと育てられるのか不安……。
前に育てた植物、すぐに枯らしちゃったし
自分には向いていないんだろうな……。

そんな風に、植物を育てることを
躊躇している方はいませんか？

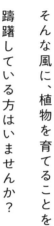

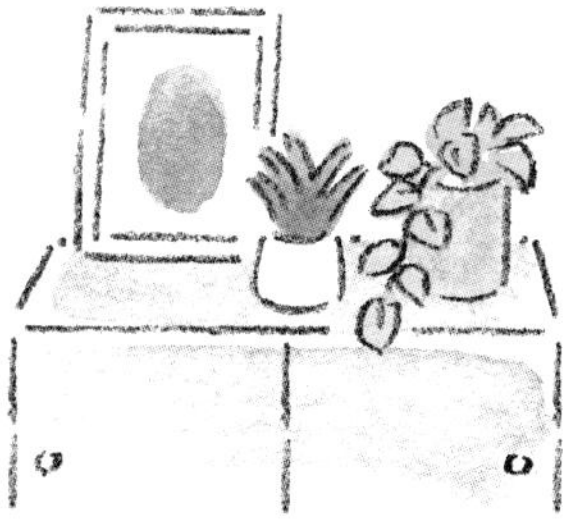

大丈夫。

植物との暮らしは、
そんなに難しいことではありません。

水やりがあまり要らない植物や
日の当たらない場所でも育つ強い植物、
プチプラで手に入る植物だってあります。

まずは自分の生活スタイルに合った
お気に入りの一株から、
植物生活を始めてみませんか？

contents

chapter

03 植物生活の基本

chapter

04 教えて！植物生活Q&A

contents

contents

chapter

01

こんな私にも“緑のある暮らし”ができますか？

植物のある暮らしへの

最初の一歩を踏み出すことを

ためらっている方を、そっと後押し。

大丈夫、きっと育てられます！

question 01

日当たりの悪い部屋に住んでいるから植物は育てられませんよね……？

耐《たい》陰《いん》性《せい》がある植物を選んでなるべく明るい場所に置いてあげれば大丈夫！

観葉植物は基本的に、ジャングルのように直射日光が届かない緑が生い茂った所で育ったものがほとんど。直射日光が苦手なので、さんさんと光が入り込む明るい家で育てなくていいんです。窓があまりない一人暮らし用のマンションや、ベランダがない家でも気にすることはありません。

　比較的暗い場所でも生きながらえる種類のものを、「耐陰性がある植物」と呼びます。なので、「うちの家、日当たりが悪いからなぁ」と悩んでいる方は、耐陰性がある植物を選んでみてください。一般的によく流通している、定番のサンスベリアやモンステラは、少しくらい暗くても元気に育ってくれますよ。

　ただ、日中に電気をつけないと文字も読めないくらい暗い家に住んでいる方は、育成ライトを使って明かりをプラスしてあげるのがおすすめです。育成ライトは様々な種類のものが販売されているので、自分が育てたい植物の性質はもちろん、部屋のインテリアに適したものを選んでください。

日陰で育てるうえで気をつけたいこと

耐陰性のある植物といっても、暗い場所を好むのではなく、暗い場所でも育つ特性を持っているものなので、なるべく部屋の中で一番明るい場所に置いてあげましょう。窓辺に置く場合は、夏は温度が上がりやすく、冬は下がりやすいので、温度管理に気をつけて。

育成ライトで日当たりをカバー!

日照不足だと茎や枝は伸びるものの、ひょろひょろ細長い姿になってしまう原因に。植物が徒長《とちょう》してしまったら、育成ライトの下で活発に光合成をさせてあげましょう。

LUCHE

屋内用に設計された、インテリアとしても活用できるライト。インダストリアルなデザインが特徴。USBで給電できるので、デスク周りに植物を置きたい人にも。

INTERIOR & GROW LUCHE
オーダーメイド品
(写真はmana's farm オリジナルデザイン)
¥4,400/SCHWINSEN

Helios

明るさだけでなく、光合成の促進に着目して開発されたライト。一般的な照明器具に設置できるので、簡単に家が植物の楽園に。太陽の光に近いのが魅力。

Helios Green LED HG24　黒
¥7,480/JPP

LeGrow

プランターポット、LEDライト、加湿器を兼ね備えた屋内ガーデンキット。自動給水機が植物に必要な水分を供給するので、多忙な人や留守にしがちな人も安心。

LeGrow（グリーンガーデン）
¥40,400/DQトレーディング

question 02

一人暮らしで家を空けることも多く植物のお世話ができるか心配です

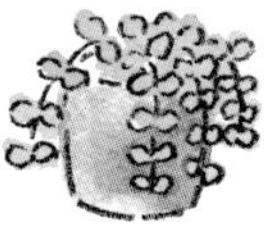

外出前にしっかり対策をしておけば植物は待っていてくれます

仕事が忙しかったり、急な出張が入ってしまったり、急に帰省しなくてはならなくなったり。一人暮らしだといろんな状況がありますよね。

そんな心配を抱えている人は、水をこまめにあげなくてもいい、乾燥に強く、暑さ・寒さに強い植物を選びましょう。耐陰性のある植物だと、なお安心です。観葉植物は毎日水やりをする必要はないので、10日以上の長期出張でない限りはそこまで気にしなくても良いでしょう。

数日家を空ける場合は、外出前にたっぷりと水をあげ、温度変化の少ない日陰に移動させましょう。窓辺に置きっぱなしにしてしまうと、留守にしている間に光を浴びすぎてしまったり、冬は冷えすぎてしまったりと、植物にとって過酷な状況にずっと置いてしまうことになるので要注意です。

また、植物の活動の一つである蒸散には空気の流れが必要不可欠なので、サーキュレーターのスイッチを入れたままにしておくという手もあります。

乾燥に強い植物

ガジュマル

パキラ

ドラセナ
サンデリ
アーナ

コルジリネ
サンゴ

暑さ・寒さに強い植物

モンステラ
アダンソニー

ポトス
ステータス

季節ごとに気をつけたいこと

夏

気温の上昇と、直射日光に注意。葉焼けや、鉢の中の温度が上がり、根が腐ってしまうことも。長期間不在にする場合は、日陰に置いておきましょう。

冬

ジャングル原産の植物が多いので、寒さはストレス。寒さや乾燥により凍傷になってしまうことも。鉢カバーをつけて、防寒対策をしてあげて。

長期不在時の対策

1. たっぷり水やりしてから外出。水やりしたばかりで土がまだ湿っている場合でない限りは、外出前の水やりはマストです。受け皿に水が溜まっていると虫の発生の原因になるので気をつけて。

2. 日当たりの良い所は朝と夜の気温変化が激しく、植物に負担がかかるので、日が当たらない場所へ移動を。葉の乾燥を防ぐこともできます。湿度が高い浴室に置いておくのもいいですね。

3. 窓辺は気温や湿度の変化が激しく、株がダメージを受けます。また、日光が当たりすぎると葉焼けの原因に。窓辺しか置く場所がない場合は、レースカーテンをつけると良いでしょう。

留守中にも水やりができる自動給水アイテム

長期間留守にする場合は、自動で水やりをしてくれる「LeGrow」(P11参照)などのアイテムを使うと安心。帰ってきたらトラブルが起きていないか、葉や幹の様子をよく確認して。

question 03

ずぼらな性格の私にも植物を育てられますか？

水やりの頻度、サイズ、耐陰性などで選べばずぼらさんにも育てられるはず！

植物の性質に注目すれば、毎日目をかけてあげられなくてもあまり心配しなくて大丈夫。日陰でも育つ耐陰性のあるもの、水やりの頻度が低くていいもの、あまり大きくならないもの、虫が発生しづらい種類のものを選べば、みなさんが思っている程には、植物は手がかかりません。

植物にとって水はとても大切なものですが、あげすぎは禁物。常に土が湿っている状態だと、根が呼吸できなくなり、根腐れする原因に。水やりをしたら必ず、一度土を乾かしてあげる必要があるんです。なので、毎日水やりをする必要はありません。

基本的に生長期の夏は4～5日に1回、生長がゆっくりになる冬は10日に1回が水やりの目安です。これなら「ずぼらな私でも育てられそう！」と思えてきませんか？　園芸店などの専門店ではなく、ライフスタイルショップなどで販売されている植物には比較的適応力が高いものが多いので、ずぼらさんにも育てやすいはずですよ。

特に育てやすい植物

サンスベリア
トラノオ

初心者かつ、ずぼらな人でも育てやすい“最強”の観葉植物。乾燥に強く、耐陰性もあるので、初めて育てる植物に選ぶ人も多いです。

モンステラ
アダンソニー

観葉植物の定番。この大きな葉を見たことがある方も多いのでは。私も大好きな品種です。保水力があり、環境に順応する力を持っています。

シェフレラ

外でも元気に育つくらい、暑さにも寒さにも比較的強いのが特徴。ワックスをかけたかのようなつややかな葉からは、生命力が感じられます。

植物を育てると、生活リズムが整う?!

朝起きた時に、部屋の植物の様子を気にして、適宜水やりをする。植物に適した温度や湿度か、確認をする。気にかける存在が部屋にあるだけで、自然と暮らしが整ってきます。

植物は基本的に、太陽が昇っている時間に光合成を行い、暗くなると休みます。植物に合わせて生活していると、私たちの生活サイクルも改善されるはずです！

question 04

とにかく虫が苦手……。育てたいけど植物に虫はつきものですよね？

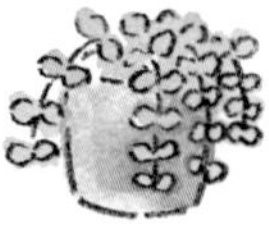

虫をゼロにするのは難しいけど発生を予防する手段はいろいろあります！

私も虫は苦手で、家の中で見つけるとぎょっとしてしまうことも。特に、梅雨頃にはコバエが発生することが多いですよね。植物なので虫をゼロにすることはなかなか難しいですが、対策をとることでぐんと減らすことはできます。

まずは虫の発生を予防することが大切。有機質の土や肥料にはコバエのエサとなる栄養が豊富に含まれているため、無機質のものを選んで。また、カイガラムシやハダニは水が苦手なので、日常的に葉《は》水《みず》（葉に水を吹きかけ、保湿すること）を与えるのも有効です。害虫対策の薬剤を土に混ぜ込むのも手。

土を使わずに育てる水栽培やハイドロカルチャーに挑戦したり、ドラセナやコルジリネのように幹が強く、虫がつきにくい植物を選んでもいいですね。水やりの際、受け皿に溜まった水をすぐに捨てることも忘れずに。様々なアプローチから虫の発生を抑えることができるので、虫が苦手な方もボタニカルライフに挑戦してみてくださいね。

虫のつきにくい植物

ドラセナ
サンデリアーナ

コルジリネ
サンゴ

サンスベリア
トラノオ

虫を発生させない方法

土を無機質のものに替える、葉水を与える、薬剤を使うなど、虫を発生させない、そして発生してしまった虫を増やさない方法はいくつかあります。自分に合う方法から取り入れてみてください。

土

虫は有機質の土で繁殖してしまうので、無機質の用土だけを使った培養土を選んで。元肥《もとごえ》入りのものなら、生長を効率良くサポートしてくれるメリットも。

薬剤

土にまくだけのものから、虫に直接吹きかけるスプレータイプ、病気も防いでくれるものまで様々。私は、オーガニックなものを選ぶことが多いです。

肥料

土と同じく、有機質の肥料は虫の発生を促してしまうので、無機質の化学肥料を選んで。肥料は使うタイミングで使い分けます（詳しくはP48へ）。

葉水

カイガラムシやハダニ、アブラムシは水を嫌うので、定期的に葉水を与え、湿度を保っておくと虫が発生しにくくなります。植物の乾燥対策にも◎

土を使わずに育てる水栽培、ハイドロカルチャー

水栽培や、人工の土（ハイドロボール）を利用するハイドロカルチャーなら、虫の発生源である土を使わずに植物を育てることができます。水栽培とハイドロカルチャーどちらにも適した植物の一つが、ポトスです。毎日水を替える必要がありますが、土と違って根が見えるので、生長を日々観察できますよ。

question 05

苗も道具も集めるのにお金がかかりそう……

苗も道具も、価格はピンキリ！１００円ショップで揃えることもできます

植物の価格は、種類や大きさによってピンキリ！マニアックなものや大きなものは高値がつきますし、育てやすく、一般的に広く流通しているものは１００円ショップでも手に入れることができます。また、鉢も作家さんの作品を選ぶのか、軽いプラスチック製のものを選ぶのかで、最初にかかる費用はずいぶんと変わってきます。

植物を育てる喜びを知るための第一歩を踏み出すならば、決して高いものを選ぶ必要はないと私は考えています。プチプラから始めたっていいんです！「植物を育てたい」と思ったその気持ちを大切にしてください。植物、土、鉢、軽石など必要最低限のものだけなら、１０００円程度で揃えることができるので、まずはお手頃価格のものからスタートして、植物を育てる自信がついたら好みのものを買い揃えてみては？ 肥料は必ずしも必要というわけではないので、省いても構いません。ただ、土は園芸用品メーカーのものを使うのがおすすめです。

物によって価格は様々

観葉植物は実に様々な種類があるうえ、同じ種類でも葉の柄やサイズによって価格が変わってきます。初めて育てる植物を選ぶなら、あまり値がはらないものがおすすめ。安価なものは、比較的丈夫で育てやすいものが多いからです。植物との暮らしに慣れてきたら、自分好みのものに挑戦してみましょう。

100円ショップで買えるものも

100円ショップでは、サンスベリアやテーブルヤシ、パキラなど初心者向けの観葉植物や鉢が手に入ります。最初に育てる植物を選ぶ場所としては最適。ただ、中には少し弱ってしまっているものも売られていることがあるので、葉がピンとしていて、幹がしっかりしているものを選びましょう。

question 06

小さな子どもがいる家庭では植物を育てるのは難しいですよね？

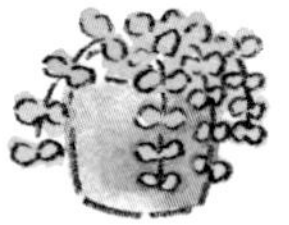

子どもと一緒にできる作業をして生長を見守っていきましょう

我が家には子どもが４人いて、みんな植物のお世話が大好き。子どもがいると「葉っぱをむしっちゃうんじゃないか」「土をいじって部屋を汚してしまうんじゃないか」と心配される方が多いですが、「植物にも私たちと同じように命があって、生きているんだよ」ということを教えてあげれば、子どもにもきちんと伝わるはずです。

もし葉っぱをちぎってしまったら、「こんなことしたらかわいそうだよ。痛くて泣いているよ」と伝えるのもいいかもしれませんね。

そういった心配より、水やりや植え替え作業を一緒にやる喜びを感じさせてあげてください。子どもは大人以上に植物をよく見ているので、葉っぱ１枚の変化にもよく気づき、私に教えてくれます。

あかちゃんのうちは言葉で言ってもわからないので、大きな鉢の周りにサークルを作って近づけないようにしたり、転倒防止の対策をしたりしましょう。毒性のない植物を選ぶのも大切です。

子どもと一緒に楽しめる作業

植え替え

子どもは土いじりが大好き。大人がリードしてあげながら、植え替え作業を手伝ってもらいましょう。根を丁寧に扱うことを教えてあげてください。

水やり

朝起きたら親子で一緒に水やりをする習慣をつけると、子どもも早起きできるようになるかもしれません。葉水をあげるのをお願いしてもいいですね。

日々の生長を見守る

「新芽が生えてきたね」「花が咲いたね」など、植物の生長を一緒に見守ると、子どもにも「植物は家族にとって大切な存在だ」と伝わります。

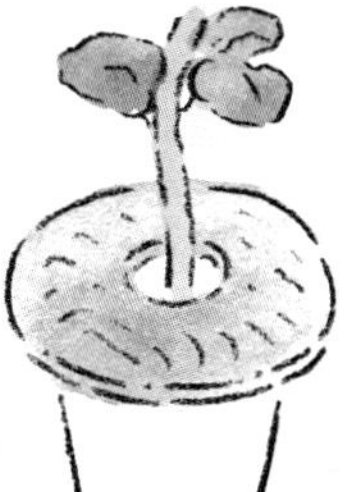

プランツテーブルをつけても◎

子どもが土をいじってしまうのが心配な方には、鉢の上に置いて土部分をカバーするプランツテーブルがおすすめ。鉢をサイドテーブルのように使うこともできて、一石二鳥です。

column

私が初めて育てた植物

今ではたくさんの植物に囲まれた生活をしている私ですが、最初から植物の扱いに慣れていたわけではありません。

私の植物生活は10年程前、当時働いていたカフェで立派に育っていたフィカスウンベラータの株を一部もらって、挿し木から始めました。最初はたった15㎝程だったのですが、今では１ｍくらいまで生長。まだまだ元気に育ってくれそうです。

葉がハートの形をしていて、とってもかわいいフィカスウンベラータ。これを枯らさずにしっかりと育てられたことが自信になり、植物のある暮らしを楽しめるようになりました。

みなさんも最初の植物はかわいくて、お世話が楽しいはず。ただ、かわいさ余って水をあげすぎると根が呼吸できず、元気がなくなってしまうので、常にメリハリのあるお世話を心がけましょう。

chapter

02

植物を育てると決めたら

植物との暮らしを始めるなら、
まず何からすればいい？
最初に用意しておきたいアイテムから、
苗の選び方までレクチャーします。

まず用意したい10のもの

植物を育てたいと思ったらまず準備しておきたい、10のアイテムを紹介します。これさえあれば、植物生活の第一歩である植え替え作業を行うことができます。

園芸店やホームセンターはもちろん、インターネットのショップや100円ショップでも手に入るものばかりなので、自分のライフスタイルに合った場所で購入してください。

【苗】

最初は、育てやすい品種を選ぶのがおすすめ。また部屋の環境や、置きたい場所に合ったものを選ぶようにしてください。種類によっては100円程度から購入できるものも。なるべく元気な状態の苗を購入するようにしましょう。

【用土】

苗と一緒に買っておきたいのが、植え替え時に必須の土。観葉植物用の土は、様々なメーカーから発売されています。虫が気になる方は、無機質のものを選ぶようにしましょう。

【軽石】

鉢の底に敷くことで、土の排水性や通気性を良くする働きがあります。

植物が枯れてしまう大きな原因の一つである根腐れを防ぐのに効果的です。

【鉢】

鉢は、部屋の雰囲気を決める重要な要素の一つ。鉢のデザインによって、植物の印象もぐっと変わります。プラスチック、陶磁器、テラコッタなど、好みの素材、デザインのものを選びましょう。

【肥料】

肥料には、土の中の微生物が肥料を分解してから効果が出始める遅効性のものと、すぐに効果が出る即効性のものがあります。植え替え時には遅効性のものを使用しましょう。

【軍手】

植物の中には白い樹液が出るものもあり、素手で触れると手がかぶれてしまうことも。また爪の間に土が入ってしまうこともあるので、手を守るために用意しましょう。

【鉢底ネット】

鉢穴があるタイプの鉢に植え替える場合は、鉢底ネットが必須。これがないと、軽石や土がどんどん抜け出て、土の全体量が減ってしまいます。

【ピンセット】

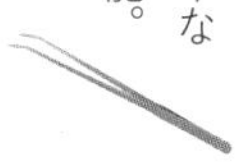

植え替え時の仕上げで、土を入れ込む際に使用。長めのものが使いやすくておすすめです。割り箸や竹串など、長い棒状のものでも代用可能。

【土入れ（スコップ）】

土を掘るタイプではなく、すくうタイプのものがおすすめ。私は持ち手とすくう部分が一体化した、筒状の土入れを愛用しています。サイズも様々なので、苗や鉢のサイズに合ったものを使ってください。

【じょうろ】

水やり時の必須アイテム。鉢や植物の大きさに合ったサイズを選ぶと使いやすいです。素材によって重さはまちまちなので、好みのものを選びましょう。

step 01

苗を買おう

植物を育てるのに必要なアイテムを把握したら、早速苗を買いに行きましょう。グリーンのある生活が注目されていることもあって、最近は園芸店や花屋さんだけでなく、いろいろなお店で購入できます。休みの日に園芸店やホームセンターに行ってもよし、行きつけのライフスタイルショップで買い物ついでに選んでもよし。

はじめのうちは、大型園芸店やホームセンターなどの品揃えが良いお店に足を運んで、実際に手にとって選んでみてください。

どこで苗を買う？

実店舗だけでなく、オンラインでも植物を買うことができます。買いたい品種が決まっている方や、信頼しているお店がある方にとっては、オンラインでの購入は手軽ですよね。ただ、最初のうちは葉や幹の状態を実際に自分の目で確かめられる、実店舗での購入の方が安心かも。

ホームセンター

幅広い種類の植物を取り扱っていて、品揃えが良いのが魅力。同じ品種でも、見た目が異なるものが並んでいることも。自分の目で確かめて、お気に入りの一株を見つける楽しみがあります。

園芸店

園芸店には植物に詳しい専門家がいるので、相談しやすいというメリットがあります。珍しい品種が置いてあったり、素敵な鉢が並んでいたりすることも。品揃えから店主の個性が感じられます。

オンラインショップ

欲しい品種がはっきりと決まっている際に便利。インテリアのヒントをもらえるような写真をあげていることも多く、飾り方の参考になります。信頼できるオンラインショップを見つけられると◎

100円ショップ

安価に、そして手軽に買えるのが嬉しいポイント。置いてある種類は少ないですが、初心者にも育てやすい品種を取り扱っていることが多いです。苗だけでなく鉢や道具も揃っています。

step 02

苗を選ぼう

買うお店が決まったら、次は苗選び。見た目が好みのものを育てる喜びはもちろんありますが、まずは育てやすいもの、育てる環境に合っているものから選ぶのがベターです。置く場所を決めてから植物を選ぶ方が、枯らしてしまう心配は減ります。

初心者には、丈夫で耐陰性のあるモンステラ、サンスベリア、ポトス、ガジュマル、パキラなどが育てやすくておすすめ。実際にお店で見て、葉がつやつやしていて元気そうな苗を選ぶようにしましょう。

育てる植物、どう選ぶ？

　家には日が当たる場所があるのか、それとも日陰しかないのか。自分がどんなライフスタイルを送っているのか、などといった条件から植物を選びましょう。以下の５品種は比較的どんな環境でも適応してくれる、初心者向けの育てやすい植物です。

初心者におすすめの植物

モンステラ
アダンソニー

サンスベリア
トラノオ

ポトス
ステータス

ガジュマル

パキラ

元気な苗の見分け方

苗を選ぶ際は、見るからにいきいきとしているのが第一条件。
ポイントをおさえれば、元気な苗は簡単に見分けられます。

葉にハリ・つやがある

元気な苗は、葉がつやつやしています。変色しているものはNG。葉を見れば元気か否かがわかりやすいので、はじめにチェックを。

株元がしっかり強い

株元がしっかりしている＝きちんと根を張っている証拠。逆に頼りない株元は根が安定していない可能性が高いので避けましょう。

幹にハリがある

幹にまで水分がいきわたり、パーンと張った状態がベスト。しわしわなものは、根詰まりや根腐れなどトラブルを抱えている可能性大。

土がスカスカしていない

見ただけでは判断しにくいかもしれませんが、スカスカの土は栄養がなく、やせ細った状態。植物に栄養がいきわたっていない場合も。

step 03

鉢を選ぼう

苗を用意したら、次は器となる鉢を選びましょう。植物に似合う鉢を探して合わせるのは、私自身とっても好きな作業です。

　鉢選びの際に重要なのが、植物に鉢の機能性が合っているかということ。せっかく植え替えたのに、植物が不調になってしまっては意味がありません。鉢穴があるものなら、水やりの際に土の不要物を洗い流せるので、植物の健康状態が保ちやすくなりますよ。素材やデザインも豊富です。

適切な大きさの鉢を選ぼう

鉢は、苗ポットや今植えている鉢より一回り大きいものを選ぶのが基本です。4号の苗なら、次は5号の鉢に植え替えましょう。鉢が小さすぎると根詰まりを起こし、大きすぎると土がなかなか乾かず根腐れを引き起こします。適切な大きさの鉢を用意しましょう。

鉢の素材も様々

鉢は大きさ、デザイン、素材も多種多様。
それぞれの特性を考慮して、植物に合ったものを選んでください。

陶器

色、大きさ、デザインのバリエーションが豊富なので、好みのものを見つけて。植物と鉢のバランスを吟味したい方に。

プラスチック

お店で並んでいる際は、このプラスチックの鉢に入っていることが多いです。軽くて割れづらく、比較的安価という利点あり。

テラコッタ

テラコッタはイタリア語で、素焼きという意味。通気性が良く、初心者の方には一番おすすめの鉢です。割れやすいので注意。

駄温鉢

素焼き鉢をさらに高温で焼いたもの。保水性があり、テラコッタより割れにくいです。あらゆる植物に適しています。

ガラス

涼しげな見た目になるうえ、根の状態が見やすいので、根のトラブルを避けることができます。生長過程を見られるのも嬉しい。

鉢カバー

植え替えに適さない冬に苗を購入した場合は、鉢カバーに入れておくと見栄えが良くなります。冬場は防寒対策としても活用可。

step 04

用土・肥料・軽石を用意しよう

植え替えに必要な、用土、肥料、軽石を用意しましょう。お店に行くとたくさんの種類が並んでいるので、迷ってしまうかもしれませんが、用土は屋内で観葉植物を育てるためのものを選べば問題ありません。肥料は葉を元気にする窒素、花つきが良くなるリン酸、根をしっかり張らせるカリウムが含まれているものが基本です。有機肥料と化学肥料がありますが、観葉植物には匂いや虫が発生しない無機質の化学肥料をおすすめします。

私のおすすめアイテム

用土

室内向け観葉・多肉の土

室内観葉植物向けの土。無機質の土なので匂いが少なく、虫が寄りつきにくい。粒がやや大きいので扱いやすく、水で濡れると色が変わるので水やりのタイミングもわかりやすいです。

3.5L　オープン価格／プロトリーフ

肥料

マグァンプK　中粒

植え替えの時に使ってほしい、元肥と呼ばれるタイプのもの。植物が根を張るまでの生長を助けます。土に混ぜ込んで使用するのが一般的。約１年間効果が持続します。

500g　¥1,210／ハイポネックスジャパン

軽石

かる〜い鉢底石

植え替え時に鉢底に敷き、鉢の中の通気性・排水性をアップして根腐れを防止。崩れにくい素材なので、繰り返し使用できます。使った後は土壌改良剤としても活用可。

5L　オープン価格／プロトリーフ

小さい鉢に植える場合は、小粒な軽石を使いましょう。

上級者は、土をブレンドしてみても!

植物の性質がわかってきたら、複数の土をブレンドして、オリジナルの土を作るのもボタニカルライフの楽しみの一つ。私は軽めの土になるように調整しています。慣れてきたらチャレンジしてみて。

step 05

苗を買ってきたら植え替えを

植え替える前に

苗や鉢など必要な道具が揃ったら、いよいよ植え替えです。植え替えのベストシーズンは、植物がぐんと生長を始める夏になる前の5月頃。気候が穏やかな時季なので、植物へのストレスも少なくて済みます。

　ただ、苗を買ってきてすぐに植え替えるのは控えましょう。植物はお店から自宅へと急に環境が変わったことにより、ストレスがかかっています。一週間程置いて、今の環境に慣れさせてから植え替え作業に移ると、よりすくすくと育ってくれるはずです。

植え替えのタイミング

苗を購入してから1週間程置いて、家の環境に慣れさせてから植え替えをします。季節は気候が良い春がベスト。春に間に合わなければ、秋でもOKです。寒くなると休眠状態になり、根が張りづらくなるので、植え替えは暖かいうちにしましょう。

冬に苗を買った場合、植え替えはしない方がいい？

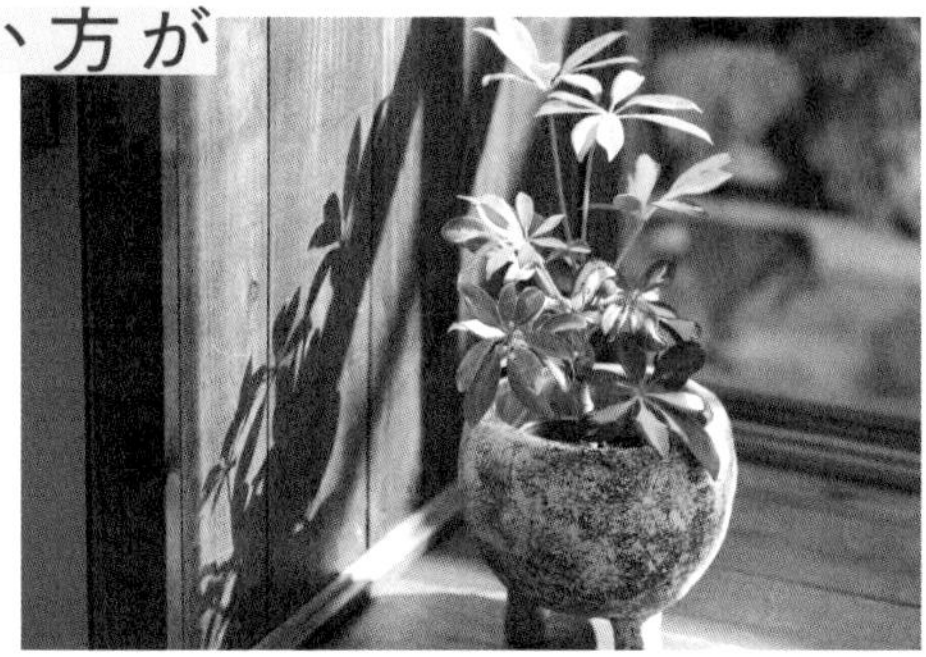

観葉植物は暖かい地域で育ったものが多いので、冬は苦手。寒い時期の植え替えは、植物にストレスを与えます。また、この時期は根が張りづらいので、春が来るまでは買ってきた苗ポットや鉢のまま育てましょう。鉢カバーをつければ、見た目も華やかになります。

植え替え作業、どこでする？

外の方が掃除しやすく、作業をスムーズに行えますが、作業用シートを使えば家の中でも問題ありません。私は土が散乱しないよう縁を立てられるダルトンのものを愛用しています。

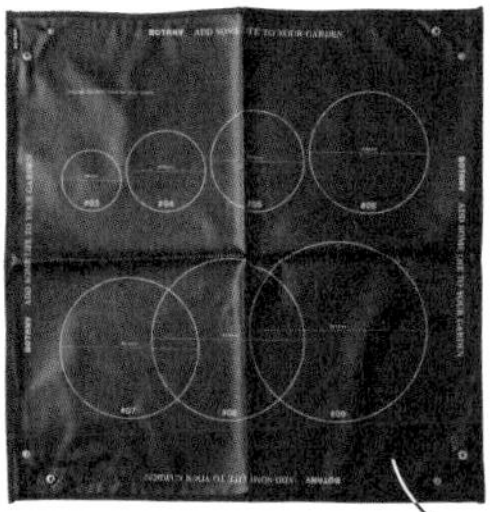

縁を立てれば
土の散乱も防げる!

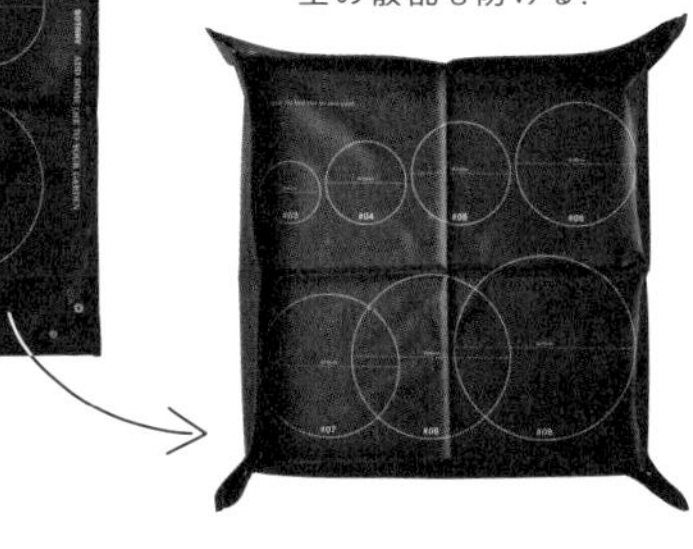

リポットシート

シートにプリントされたサークルを参照すれば、植物に合った鉢のサイズが一目でわかります。しっかりとした素材だから、掃除もしやすい。

GREEN S
¥2,640／ダルトン

植え替えよう

いよいよ、実際に植え替えの作業を始めましょう。お気に入りの鉢に植え替えると、ますます植物への愛情がわいてきます。根を傷つけないように、優しく扱うのがポイントです。

【用意するもの】

苗

鉢

観葉植物用の土

元肥タイプの肥料

軽石

鉢底ネット

土入れ

軍手

ピンセット

作業用シート

じょうろ

memo

植え替え後のポイント

植え替え直後は、まだ根が土に活着していない状態です。
2週間程度は直射日光を避け、半日陰に置いてあげましょう。
また水切れに敏感になっているので、水を切らさないように注意。

余った土や軽石の保管方法

100円ショップなどで販売されている蓋付きのプラスチックケースに入れて保存しておくと、次に植え替え作業をする時にも使えて便利。

土の捨て方

自治体のルールに従ってください。土の回収に対応していない地域は、ホームセンターや処理業者に引き取ってもらいましょう。

【方法】

1

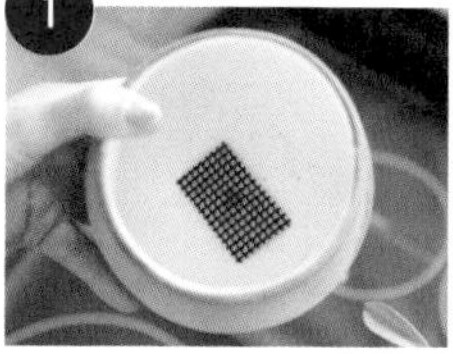

鉢底ネットを鉢穴より一回り大きく切り、鉢底に置く。

2

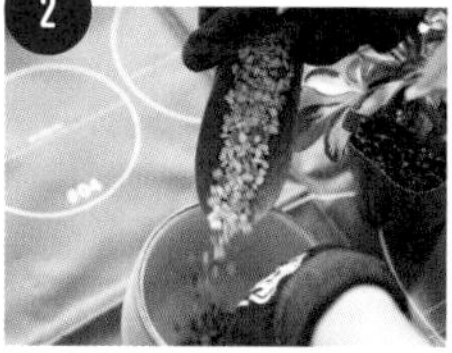

鉢底ネットが隠れるよう、1cm程軽石を入れる。

3

軽石の上に、観葉植物用の土を1cm程入れる。

4

粒状の元肥タイプの肥料(P33参照)を一つまみ入れる。

5

苗の株元を持ち、プラカップから優しく抜く。
※根を傷つけないよう注意。

6

土をとんとんと優しく叩いて、根の周りの土を落とす。

7

鉢の真ん中に苗を入れる。斜めになると根が伸びづらいので、まっすぐ置く。

8

苗の位置が決まったら、株元を手で支えながら土を入れていく。

9

土が根の隙間まで入るよう、ピンセットで鉢の縁周りを挿していく。

10

鉢の上を1cm程空け、土を追加する。

11

鉢穴から透明な水が出てくるまで、たっぷりと水を与える。

column

苗選びに迷ったら

観葉植物は実に様々な種類があるので、どれにしようか迷ってしまいますよね。植物を育てるのが初めての方なら、サンスベリアやモンステラなど、耐陰性があって適応能力が高い植物がやっぱりおすすめ。私はモンステラの葉の形が大好きなので、何種類か育てています。

ただ、育てやすいという条件だけでなく、わくわくしながら植物を選んでほしいという気持ちもあります。「好きこそものの上手なれ」という言葉があるように、好きな植物を楽しんで育てることでどんどん植物の扱いがうまくなっていきます。なので、苗選びに迷ってしまったら、自分の直感を信じるのもあり！

植物は生き物なので、家の環境に合わないものを購入して、すぐに枯らしてしまうのはかわいそう。責任感を持ちながら、ボタニカルライフを満喫してください。

chapter

03

植物生活の基本

観葉植物を部屋で育てるうえで
知っておきたい基本の
ルールを紹介します。

植物どこに置く？

大前提として知っておいてほしいのは、植物はインテリアのアイテムではなく、生き物だということ。なので、置き場所を間違えてしまうと、元気がなくなってしまいます。基本的には、直射日光が当たらない「明るい日陰」が理想です。熱帯、亜熱帯地方生まれの植物が多く、寒さに弱いので、10℃を下回る場所は避けましょう。また、風通しが悪く空気が滞ると、光合成がうまくできなくなってしまう恐れも。風通しの良い環境は、人だけでなく植物にとっても快適なのです。

屋外 or 屋内？

春や秋など、植物にとって心地の良い適温の季節であれば、風通しの良い屋外はとても管理が楽です。ただ、家で愛でながら育てるのが観葉植物の醍醐味でもありますので、この本では基本的に屋内での育て方を紹介しています。

「水・光・風」が欠かせない

植物を育てるために必要なのは、水、光、風。この3つのどれが欠けても、うまく光合成ができず生長しません。種類によって耐陰性があるもの、水切れに強いものなどはありますが、この3要素は常に頭に入れておいてください。

窓辺が
いいとは限らない

家の中で植物を育てる際の置き場として窓辺はよく選ばれますが、窓辺は昼と夜の寒暖差が激しいことが多く、ベストな場所とは限りません。冬の気温が下がる時間帯には、窓辺から少し離したり、暖房のきいた部屋に移動させたりするなど、工夫してください。寒暖差が10℃以上あると、弱ってしまう原因になります。

置き場所別
おすすめ植物

寒暖差がある
暗くて冷える場所

耐陰性があり、適応能力が高い丈夫な植物を。サンスベリア、シェフレラ、フィカスなど。

湿度の
高い場所

エアプランツやシダ植物は、湿度の高い場所でも比較的大丈夫。浴室や洗面所に置くならこれらがおすすめ。

日当たりが
良すぎる場所

西向きの部屋は強い西日が入ることも。サンスベリアは葉焼けを起こしづらいのでおすすめ。

冬の置き場所で気をつけたいこと

✓ エアコンの風

寒い部屋に観葉植物を置く際はエアコンでの温度調節が必須ですが、風を直接当てるのはNG。過度の乾燥を招き、植物が傷んでしまいます。風向きを調整する、風除けをする、サーキュレーターを回して直風が当たらないようにするなどの工夫を。

✓ 日中と夜の気温差

特に窓辺は、日中と夜間の気温差があり、植物にとってストレスになります。夜は暖かい部屋に移動させるのがベター。暖房がきいていない部屋に置く場合は、鉢カバーをしたり、タオルを巻いたりして、鉢が冷えすぎないようにしましょう。

水やりは土と葉を見て

植物にとって水は必要不可欠なものですが、あげすぎはNG。ついつい構いたくなってしまいますが、水を与えすぎると、根が腐る「根腐れ」の原因に。根腐れを起こすと幹や茎が黒く変色し、対処が遅れると全体が枯れてしまいます。水が多すぎると土にカビが発生してしまうことも。また葉にハリがなくなったり、葉の先が黄色くなったりしてきたら水が足りなくなっているサイン。水やりはこちらのタイミングではなく、土と葉の様子をよく観察してから行うようにしてください。

土の状態

土を触った時に、手につかずサラッとしていたら乾いている証拠。マルチング材（P121参照）をしていてわかりづらい場合は、根を傷つけないように竹串などを挿して乾いているか確認する方法も。

葉の状態

葉にハリがないのは、水を欲しているサイン。そのまま放置していると、葉先が黄色く変色してきます。厚めの葉をつける植物の場合は、葉にシワが寄っていたら、水をたっぷりとあげましょう。

季節ごとの水やり

春～秋

生長期なので、ぐんぐん水を吸収します。日当たりの良い場所に置いていると、思ったより土の乾きが早いので、こまめにチェックを。

冬

休眠期なので、夏と同じペースで水やりをすると根腐れの原因に。土が乾いてからすぐに水を与えなくても大丈夫なものも多いです。

水やりの方法

じょうろで水やり

株元を狙って鉢底から水が出てくるまでたっぷりと。葉が生い茂っているタイプの植物に上から水をあげると、葉が水をはじいてしまい土までいき届きません。水やりは朝が一番です。

おすすめアイテム

ガーデンジョーロ
ティーグリーン4L
¥4,400
／Royal Gardener's Club

霧吹きで葉水を与える

葉を乾燥させないよう、霧吹きで水を吹きかける葉水も大切です。水やりが喉を潤すものだとしたら、葉水は肌を潤す化粧水のような役割。防虫対策にもなるので、毎日しましょう。

おすすめアイテム

プラントスプレイヤー
レッド　500㎖
¥3,080
／植木鉢専門店バージ

水やりで気をつけたいこと

✓ 受け皿の水は捨てる

水の量は、鉢底から流れ出るくらいが目安。そうすることで土の中の不要なものを洗い流してくれるからです。ただ、受け皿に溜まった水をそのままにしておくと、水が腐敗し、匂いや害虫が発生してしまいます。衛生的にも良くないので、忘れずに処理してください。

✓ 土がしっかり乾いてから水やりを

初めて植物を育てる人にとって「土が乾いたら」という判断は難しいかもしれません。その場合、まずは土の色を観察しましょう。土が白っぽくなってきたら乾いているサインです。土が乾いてから水やりすると、シュワ～ッと土に水が染み込む音が聞こえます。

水やり どこでする？

植物を育てるうえでの基本中の基本、水やり。育てる私たちが担う大切な役割です。「土が乾いたらたっぷりと」が水やりのルールですが、鉢底から水が流れるくらいたっぷりあげるためには、水やりの場所も重要です。ベランダやウッドデッキがある方は、そこに移動させて行うのが一番手軽。小さな鉢で育てている方は、シンクに置いて蛇口から直接水やりするという方法もあります。大きさ、数、家の環境などに合わせて、適した水やりの場所を見つけましょう。

小さなものは シンクで

小さな鉢で育てている場合は、シンクで水やりをすると楽。勢い良く水を注ぐと、土の中の老廃物を流してくれます。シンクに入らない大きさのものは、広げた吸水シートの上で水やりしても。

動かすのが 大変な時は

大きく重い植物は、キャスター付き鉢皿にのせて移動させるのが便利。キャスターが見えないタイプのものを選べば、インテリアの邪魔をしません。日光浴させたい時にも窓辺まで楽に動かせます。

季節ごとに気をつけたいこと

観葉植物にとって春から秋は生長期、冬は休眠期。通年同じように世話をすると、植物にストレスがかかり、枯れてしまう原因になります。気候に合わせて、水やり、置き場所などを調整していきましょう。人にとって心地の良い春と秋は、植物にとっても快適。気をつけたいのは夏と冬です。暑さに比較的強い観葉植物は多いですが、日本の酷暑には耐えられないことも。一方、冬の寒さはもっと過酷。冷気に当たると葉を落としてしまいますので、温度管理が必要になってきます。

夏の注意点

生長期の夏はぐんぐん水を吸うので、水切れに気をつけて。気温が30℃を超える場合は、涼しい屋内に置いてあげましょう。また、夕方の強い西日には要注意。夕方になり、休もうとしている時に強い日光に当てるのは、植物にとってストレスになります。

冬の注意点

冬は外の冷気に当たらないよう、工夫が必要です。暖房の風にも注意。直接当たると乾燥が急激に進み、枯れにつながります。また休眠期に入るので、水を吸うスピードが夏に比べて格段に落ちます。水を与えすぎると根腐れしてしまうので、締め気味で育てて。

大きな鉢に植え替えるタイミング

植物は生長とともに根を伸ばしていくので、ずっと同じ鉢で育てていると窮屈になり、根詰まりを起こします。そうならないために、1年に1回程度、鉢を一回り大きなものに替えてあげる植え替えが必要になってきます。

植え替えは、植物にとって環境がガラッと変わるため、ストレスになることも。休眠期の冬は避けて、気候の良い春に行うのがベストです。暖かくなってきて生長期に入る直前なので、根が土に活着しやすくなり、より生長しやすくなります。

memo

植え替えどきの見分け方

鉢穴から根が出てきた

鉢穴から根が出てきたら、根詰まりのサイン。伸びるためのスペースが足りず、放置していると根腐れを引き起こします。根詰まりの見分け方としては最もわかりやすいので、生長面で何か気になることがあれば鉢底を見てみましょう。

葉がうまく展開しない

根詰まりしていると、土の中の排水性が悪くなり蒸れやすくなるため、上手に水や養分を吸収できなくなります。そのため栄養がいきわたらなくなり、生長期になっても新芽が出てこない、うまく展開しないなどの不調が現れます。

土は新しいものに替えた方がいい？

植物は水分と一緒に、土の中にある栄養も吸収します。なので、植え替えをせず同じ土をずっと使っていると、土の中の養分がなくなるだけでなく、通気性が悪くなり、植物にとって育ちにくい環境になってしまいます。また、土の中までしっかり吸水されず、すぐに乾いて水切れを起こしやすくなるので、植え替えの際には必ず土も新しいものに替えましょう。土の選び方はP32を参照してください。

どの大きさの鉢に植え替えればいい？

植え替える際は、鉢を一回り大きいものにします。鉢のサイズは「号」で表記されているので、今のものが4号なら5号のものにしてください。今の鉢の号数がわからなくても、直径を測れば判断できます。直径3cmが1号なので、12cmあれば4号になります。また、毎年植え替えるのが大変だからと大きすぎる鉢を選ぶのはNG。土が常に乾きづらくなり、根腐れを起こしてしまいます。

下《した》葉《ば》が黄色い

水やりを適切なタイミングでしているのに、葉が黄色くなってしまう場合は、きちんと水分や栄養がいきわたっていない証拠。根詰まりによる水不足や、同じ土を使い続けたため土の状態が悪くなっていることが多いです。

新芽が奇形

植え替えをせず鉢が小さいままだと、生長が抑制されます。なので、新芽が出たとしても栄養不足で健康に育たず、奇形になってしまうことがあります。新芽の形がおかしいと感じたら、根詰まりを疑ってみてください。

肥料や虫対策について

肥料には有機肥料と、有機物を含まない無機質の化学肥料があります。観葉植物には、虫が発生しづらい化学肥料がおすすめ。肥料はタイミングによって、使い分けが必要です。植え替えの際に使うのが「元肥」と呼ばれるもの。そして、根が活着した後には「追《つい》肥《ひ》」と呼ばれるものを使います。

殺虫剤は予防的に効果を表すものと、発生してから対処するものがあります。薬剤によって適用の害虫が異なるので、使用する際は商品の記載内容を確認しましょう。

肥料の種類

元肥

植え替えの際に使用します。植物が根を張るまでの生長を助ける成分が含まれていて、土に混ぜ込んで使うのが一般的です。この肥料をめがけて、根がぐんぐんと伸びていきます。

マグァンプK　中粒

500g　¥1,210
／ハイポネックスジャパン

ゆっくりと1年間程効果が持続し、植物の生長をサポートします。匂いが少なく扱いやすいうえ、多少与えすぎても植物に害がないので、初心者の強い味方です。

追肥

植えつけ後、根が土をしっかりつかんでから使います。春先の新芽が出る頃がベストタイミング。固形の場合は土の上に置くだけなので扱いも簡単です。

ハイポネックス原液

450mℓ　¥858
／ハイポネックスジャパン

植物の生長に必要な栄養素をバランス良く配合。与えてから効果がすぐに出る速効性。水で薄めて、約10日に1回与えます。

プロミック
観葉植物用

150g　¥660
／ハイポネックスジャパン

土の上に置いて使う固形の肥料。ゆるやかに効果が出る緩効性のものです。肥料効果は2か月程。株元に触れないよう、鉢の端の方に置きましょう。

活力剤はいつ使う？

窒素、リン酸、カリウムが規定量に満たないものを「活力剤」といいます。肥料とは違い、使うタイミングを選ばないので、元気がない時、冬越しする時、植え替え直後など植物が疲れている時に与えてあげてください。

リキダス

450mℓ ¥858
／ハイポネックスジャパン

コリン、フルボ酸、アミノ酸などの成分が、養分の吸収を高めてくれます。与えてすぐ効果を発揮してくれるので、植物がバテている際に使用を。

虫対策の薬

植物に虫はつきもの。虫が増える時期を迎える前に薬剤を一度使うとか、しつこい虫だけに殺虫剤を散布するなど、薬剤の使用には自分なりのルールを決めておくのがいいと思います。葉水も防虫になるので、薬剤だけではなく様々な対策を組み合わせましょう。

防除

虫の発生を防ぐために使用する薬剤。

オルトランDX粒剤

200g ¥1,100
／住友化学園芸

植物全体を害虫から守る予防効果のある農薬です。我が家では毎月使うのではなく、徹底して予防したいタイミングに、年2回程使用。

ベニカXガード粒剤

550g ¥1,815
／住友化学園芸

植え替え時に土に混ぜ込んだり、植え替え後に土の上にまいたりして虫や病気の発生を防ぐ。

殺虫

虫が発生してしまった後に使用する薬剤。

**ベニカX
ネクストスプレー**

1,000mℓ ¥1,760
／住友化学園芸

虫や病気が発生してしまってから使用。複数の殺虫・殺菌成分が含まれています。虫が苦手な方は常備しておくと安心。

**MY PLANTS
虫からやさしく
守るミスト**

250mℓ ¥880
／住友化学園芸

葉や枝や茎に発生する虫を退治するスプレー。インテリアの邪魔をしないデザイン。

植物のお手入れを

掃除

葉にちりやほこりが溜まると、見た目が
悪くなるだけでなく、光合成の妨げになります。
水やりのタイミングで葉を掃除しましょう。

夏

水やりついでに葉を洗い流す

ベランダがあるなら、水やりついでに葉に水をかけてほこりを洗い流しましょう。シンクや風呂場でもOK。朝やるのがベストです。

冬

布巾で葉の両面を拭く

水やりの頻度が減る冬は、葉を布巾で拭いてあげて。裏側も拭けば葉ダニ予防になります。背が高くて水で洗い流せない植物にも拭き掃除を。

専用スプレーできれいに

洗い流したり拭いたりする手間を減らしたい場合や、大きな葉の植物には、葉面洗浄剤を使っても。いきいきとした、自然なつやが出ます。無臭性で散布後のべたつきもなし。

おすすめ

MY PLANTS
葉をきれいにするミスト
220mℓ ¥902／住友化学園芸

1

葉にほこりが溜まると写真のように葉が白っぽくなり、呼吸しにくくなる。

»

2

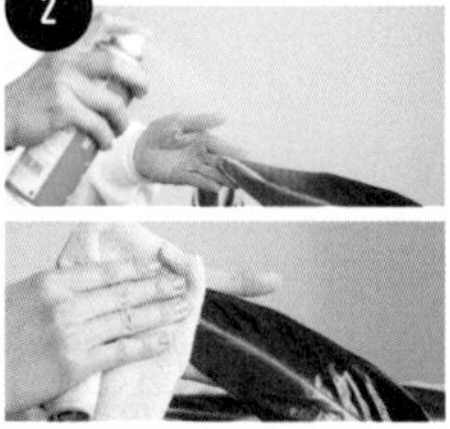

葉にたっぷりとスプレーを噴射し、垂れないように布巾やペーパーで拭き取る。

»

3

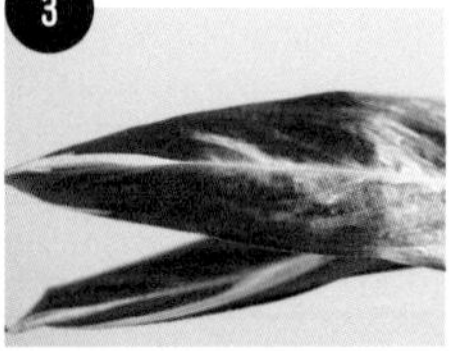

ほこりが取れるのはもちろん、葉に輝きが増して見栄えがぐっと良くなる。

剪定

植物はそのまま育てていると、葉のつきが悪くなったり、病害虫の被害にあいやすくなったりすることがあります。適切なタイミングで剪定しましょう。

徒長したヒメモンステラの剪定

1

ヒメモンステラなど半つる性の植物は、樹形が乱れやすいという特徴が。徒長した部分を剪定しましょう。

2

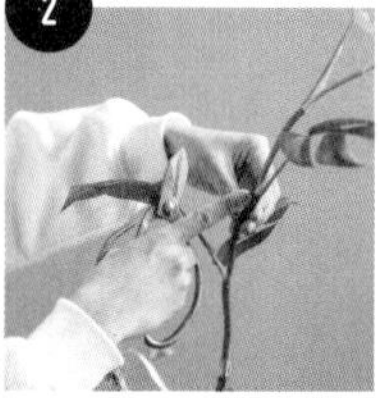

剪定した部分を水耕栽培する場合は、葉だけでは発根しないので節（茎の葉がつく箇所）を入れて切る。

3

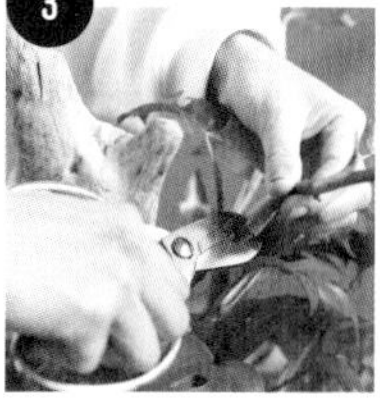

剪定する茎が決まったら、写真のように根元から切る。

4

1本だけ伸びてしまった茎がなくなるだけで、すっきりとした見た目に。発育も良くなる。

葉が増えてきたガジュマルの剪定

1

ガジュマルはすぐに葉が茂り、重なっている下の葉が光合成しづらくなるので剪定を。

2

まず徒長して明らかに伸びてしまっている部分を、根元から切る。

3

新芽がどんどん出てくるので「切りすぎかな」というくらい剪定して大丈夫。剪定は春に行うのがベストです。

おすすめ

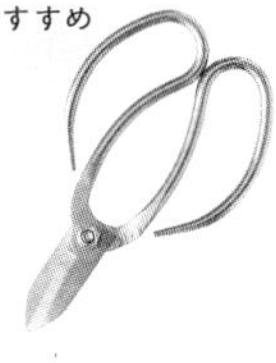

ボンサイシザーズ B

¥3,190／ダルトン

大きなつる手のタイプで使いやすい、真鍮製のはさみ。デザイン性が高くお気に入り。

column

毎日したい植物の健康観察

　毎日植物の状態を観察することで、変化にいち早く気づき、健康に育てることができます。確認したいポイントは、主に3つ。1つめは葉にハリがあるかどうかです。植物の状態が良ければ葉はピンとして、ハリやつやがあるはず。葉先が下を向いていたり、丸まっていたりしたら、水切れのサインかもしれません。必要に応じて、水やりをし、葉水を与えましょう。

　2つめの確認ポイントは、葉の変色がないか。植物は不調を、葉を変色させることで伝えてきます。変色の原因は様々なので、変化に気づいたらすぐに原因を調べて対処しましょう。

　3つめは、害虫がいないかどうか。特に葉の裏や新芽、重なった葉には虫が潜みやすいので、表面だけでなく裏側まで確認しましょう。害虫は、一度発生して繁殖するとやっかいです。見つけたら除去し、殺虫して退治しましょう。

chapter

04

教えて！植物生活Q&A

「いつ水やりすればいい？」

「葉が黄色くなってきた」など、

植物を育てる時の“あるある”な

悩みを解決します。

Q

葉が黄色くなってきた

変色する原因を見つけて対処を

葉が黄色くなった＝枯れてしまったと、すぐに諦めないで。葉が黄色く変色してしまうのは、植物からの何らかのＳＯＳのサインであることが多いです。日光に当たりすぎている、水が足りない、逆に水を与えすぎているなど、様々な理由が考えられます。そして、その原因を取り除けば、元気に復活する可能性もあります。新しい葉に生え替わるための新陳代謝の場合もあり、その場合は問題ありませんので、焦らずに原因を見極めましょう。植物が弱ってしまったことで変色したのであれば、その部分をカット（剪定）してください。

葉の変色は、植物からのSOSかも。

考えられる8つの原因

水やりのタイミングを間違えている

一番多い原因がこれ。水やりのタイミングや与える水の量が、その植物と合っていないという状況。季節や自宅の環境だけでなく、植物の性質も見極めながら水やりをしましょう。

根詰まりしている

植え替えしておらず、鉢が小さい場合は、根が詰まってしまって十分な栄養が葉にいかなくなります。鉢穴から根が見えるようであれば、根詰まりしている可能性が高いです。

日照条件

日光が足りていない場合は、内側の葉が黄色くなってしまうことが多いです。逆に日光に当たりすぎた場合は、外側の葉が葉焼けして変色します。変色した葉の場所によって判断しましょう。

肥料の量

与える肥料が適量でないと、葉が変色します。また、休眠期の冬に肥料を与えてしまうと、根の機能が壊れる肥料焼けを起こします。与える時期や適量を守りましょう。

寒さで弱っている

観葉植物は温暖な地域生まれのものが多いので、植物が慣れていない冷えに当たると、葉が黄色に変色します。何年か同じ環境で育てていると、寒さに慣れて適応能力がつく場合もあります。

環境の変化

購入直後、植え替え直後、季節の変わり目（特に秋から冬）、屋内での置き場所を変えた時に植物は環境の変化をキャッチして、ストレスがかかり、葉を変色させることがあります。

蒸れ

梅雨の時期や、土が乾きづらい冬に多いです。蒸れは葉の変色だけでなく、株元が黒ずんでしまったり、病害虫の被害にあってしまったりすることも多いです。通気性の良い場所に置きましょう。

葉の寿命

植物はずっと同じ葉をつけているわけではなく、新しい葉が出てきたら古い葉を落とします。この新陳代謝により古い葉を黄色くさせ、落とすこともあります。この場合は心配ありません。

Q 数日留守にしていたら弱ってしまった

諦めずに回復させる方法を探ろう

出張や帰省などで家を空けたら、植物が枯れかけている……。日々生活していると、こういったことも起きてしまいますよね。植物は水や光だけでなく風通しも必要なので、枯れてしまう原因は水切れだけではありません。また、冬は冷えに当たって凍傷のような状態になってしまうことも。何が原因で弱ってしまったのか、植物の様子を見て判断できると、回復もスムーズになります。水の吸収が早い植物ならいつも以上に水をたっぷりとあげたり、冷えに当たって変色してしまった葉は剪定したりと、諦めずに対応してみてください。

外出前にしておくこと

何日間家を空けるかによりますが、水はたっぷりとあげておきましょう。頻繁に家を空ける方はP13で紹介している自動給水アイテムを使うと安心。水やりだけでなく置き場所にも気を配って、直射日光が当たらない、寒暖差が少ない場所に移動させてください。

弱ってしまった場合の応急処置

応急処置

腰《こし》水《みず》

水をはったバケツに直接鉢を入れて、底面から給水させる方法を「腰水」といいます。水切れでぐったりしている植物にこの方法を試すと、元気に復活することが多いです。水に浸ける時間は、一晩くらいを目安にしてください。

葉水

根は大丈夫でも、葉が急激に乾燥すると枯れてしまうことも。特に冬は屋内も湿度が下がり乾燥しているので、葉水を与えて葉に保水させましょう。葉についたほこりを洗い流せるので、光合成も促進できます。

活力剤

植物の生長を活性化させる成分が含まれている活力剤。肥料と異なり、通年いつでも使えるので、植物の元気がない時に使用しましょう。ぐんと元気になってくれます。私は、水に薄めて使うタイプの「リキダス」（P49参照）を愛用。

Q 水やりのタイミングがわからない

土が乾いたら たっぷりとが基本

水やりは、植物を育てるうえで最初に覚えておきたい基本のお世話。ですが、これが一番難しい……。植物が枯れる原因の大半が、水のあげすぎによる根腐れだといわれている程です。基本として、土が乾いたらたっぷりと水を与えるのがルール。土が乾く前に与えてしまうと、土の中が蒸れて根腐れを起こします。また大事なのが水の量。鉢底から流れるくらいたっぷりと与えましょう。土の中の不要な老廃物を洗い流し、根が呼吸しやすい状態を作ります。土が乾いているかどうかを確かめる方法は、次のページで詳しく説明します。

土の乾燥状態の確認方法

竹串を挿してみる

土が乾いているかわからない場合は、竹串を挿してみて、串に何もついてこなければ乾いているという証拠。株元の近くに挿すと根を傷つける可能性があるので、必ず株元から離れた所を挿すようにしましょう。

土の軽さで判断する

土は湿っていると重くなり、乾いていると軽くなる性質があります。なので、水をたっぷりあげた時の鉢の重さを覚えておきましょう。それよりぐっと軽ければ乾いていることになります。

水やりチェッカーを使う

感覚ではなく、実際に目で見て確かめたい人におすすめなのが、水やりチェッカーの「サスティー」(P120参照)。使い方は鉢に挿しておくだけ。小窓が青色なら水が足りていて、白色なら水やりが必要というサインです。

葉の表情を見る

水が足りなくなってくると、葉の端がくるっとなったり、少し下を向いたりします。少し上級者向けの見分け方ですが、葉の表情から水やりの適切なタイミングを察することができます。

Q 虫が発生してしまった

取り除いてから徹底的に退治を

観葉植物には、コバエ、ハダニ、カイガラムシなど様々な種類の虫が発生します。ボタニカルライフを楽しむうえで、虫の存在はどうしても避けられません。ですが、土や肥料を無機質のものに替えたり、鉢皿に水を溜めないようにしたり、毎日葉水を与えたり。そういった工夫をすることで虫の発生を抑えられます。植物の様子を確認していて虫が発生していることに気づいたら、まず目視で虫を取り除いてから、潜んでいる虫まで徹底的に退治します。ただ、葉が密集している株元や、土の中に潜む虫まで目視で見つけるのは難しいので、薬剤の力も借りるようにしましょう。

まずは取り除いて

虫を見つけたら、まず取り除きます。私は、ナチュラルにボタニカルライフを楽しみたいので、この時点で殺虫剤はかけません。

»

潜んでいる虫を退治

特に、葉がわさわさ生えるタイプの植物は、目視だけでは虫を取り除けないので、殺虫剤を散布します。おすすめ殺虫剤はP49で紹介しています。

Q なんだかひょろひょろとしている

徒長部分は剪定して日当たりの良い所へ

観葉植物が細くひょろひょろと生長し、間延びしてしまうことを徒長といいます。原因の一つが、日照不足。太陽の光を求めて、茎を細く長くして生長してしまうのです。徒長すると見た目のバランスが崩れるだけでなく、病気に弱い軟弱な株になってしまいます。日光が足りず、光合成がしっかりできないため、栄養分を十分に作り出すことができないからです。徒長してしまったら、今よりも明るくて光エネルギーを吸収できる所で日光浴をさせましょう。育成ライトを併用するのもおすすめ。また、肥料を適切なタイミングで与えることも効果的です。

太陽の方向に、細く長く生長してしまう。徒長してしまった部分は剪定を。

Q 生長してバランスが悪くなってしまった

支柱を立てて支えよう

モンステラなどの半つる性の植物は、生長する行き先を示してあげないと、全体のバランスが崩れて倒れてきます。葉や茎の重さで上手に育たないこともあるので、支柱を立ててあげましょう。私がよく使うのは「ココスティック」という支柱。鉢植えの雰囲気に合わせて、好みの支柱を用意しましょう。

【用意するもの】

鉢植え

支柱

麻紐

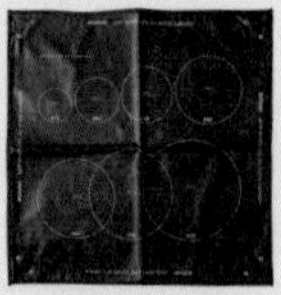

作業用シート

【方法】

1

気《き》根《こん》（地上に出ている根）を探す。

2

気根が出ている側に、根を傷めないように気をつけて支柱を挿す。

3

ぐっと深く挿したら、太い茎を支柱に引き寄せる。

4

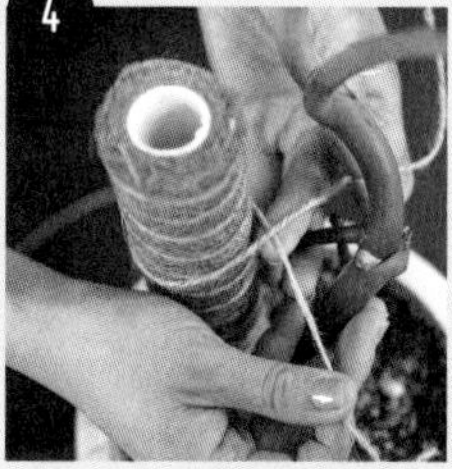

麻紐を支柱側から巻き、茎と支柱の間でクロスする。

5

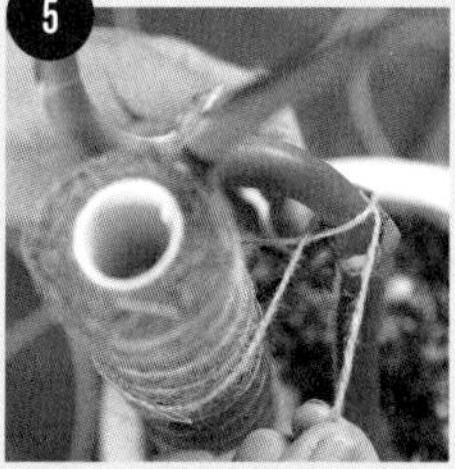

麻紐を茎に巻き付ける（８の字）。茎が太くなることを考え、少しゆるめにする。

6

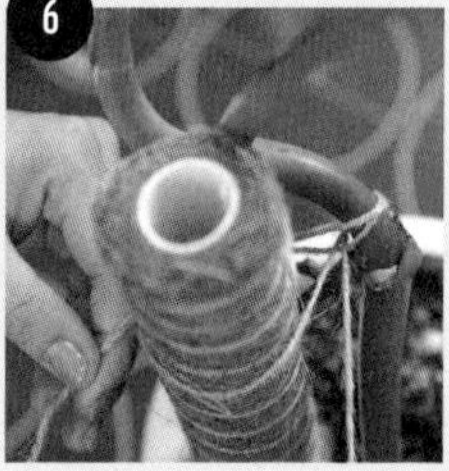

再び、麻紐を茎と支柱の間でクロスする。

7

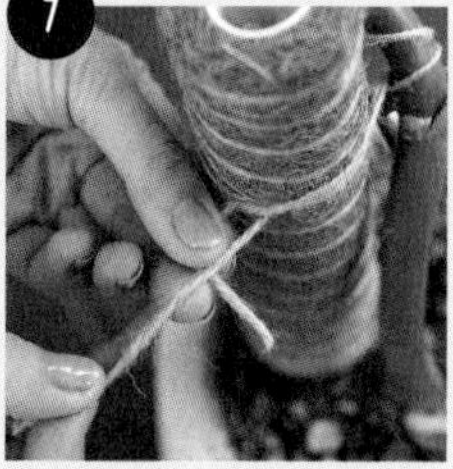

麻紐がほどけないようしっかりと結ぶ。

完成

支柱を立てると見た目が良くなるだけでなく、光合成がしやすくなり、害虫も見つけやすくなります。

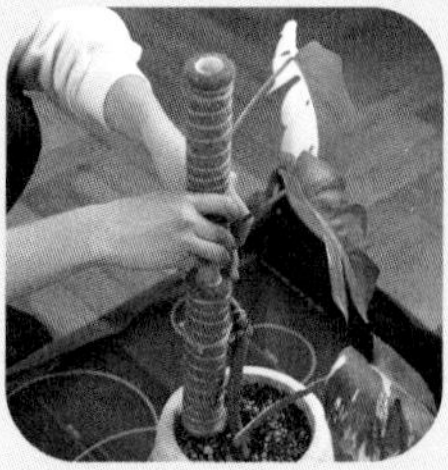

私は植物の生長に合わせて長さを継ぎ足していける「ココスティック」を愛用。これなら新たに支柱を立て直す必要もありません。

Q 茎から出ている根はどうしたらいい？

気根は仕立てても水挿しで増やしても

モンステラなどは、節から葉であったり根だったりが生えてきます。土の中ではなく地上にあり、保水や支柱の役割をする根を気根といいます。気根が出ているのは、植物に元気がある証拠。P62を参照して支柱を挿して支えてあげてもいいですし、節の部分で切って水挿し、挿し木、株分けして増やすこともできます。一つの株からどんどん増やしていくのも、ボタニカルライフの楽しみの一つです。節の部分で切って増やす場合は、植物の生長期である、春から夏にかけて行いましょう。生長期に行うことで、発根率が上がります。

ポトスも水挿しで増やすことができます。根が生長していく様子が見られて、愛着がわきますよ。

Q 葉の模様が消えかけている!?

斑《ふ》入りの植物を育てるのは難しい

モンステラやアイビー、ポトス、フィカス プミラなどには斑入りの品種があり、見た目が美しいため人気があります。なぜ斑が入るのかまだわかっていないこともあり、斑の柄や色、そして大きさを買った状態のままキープするのは少し難易度が高め。冬に光エネルギーが足りず、葉緑素が増えて緑の部分が増えてしまったり、突然変異してしまったり。日照不足はもちろん、日の当たりすぎも良くありません。斑が変化してしまっても植物が健康であるなら、そこまで気にしなくて大丈夫。柄の変化も含めて楽しみながら育ててみませんか。

斑の柄は様々。マーブル模様だったり、縁だけ白かったり、葉の半分だけ白くなったりすることも。

Q 土にカビが発生している

育てる環境を見直そう

空気中には常にカビの菌が浮遊しているので、カビが好む環境になってしまうと、土にカビが生えることがあります。日当たりが悪い、湿度が高く通気性が悪い、水やりのしすぎで常に土が湿っていることなどが主な原因です。土の表面にカビが発生してしまったら、その部分だけ取り除いて新しい土を入れましょう。土の中にまでカビが発生してしまっている場合は、植え替えをおすすめします。その際、土は水はけの良いものを、肥料は無機質のものを選んで。土の交換や植え替えが終わったら、環境を見直して置く場所を工夫してみてください。

カビの好物は湿気。カビが発生してしまったら日当たりと風通しの良い場所に置きましょう。

Q 初心者だけど、いきなり数種類育てていい？

まずは一種から育てるのがおすすめ

観葉植物は品種により、様々な性質を持っています。寒さに強い種類がある一方、冷えに当たると弱ってしまう種類も。一言で観葉植物といっても、それぞれの個性に合わせた育て方をする必要があります。子どもや動物と同じですね。なので、初心者の方が、最初から何種類も同時に育てるのは難しいと思います。植物の育て方を一通り覚えてから増やしていく方が、失敗なくボタニカルライフを満喫できるでしょう。複数の種類を同時に育てたい場合は、同じ場所に置いて同じようにお世話できる、性質が似たものを選びましょう。

Q 観葉植物は何年も楽しめる？

温度管理に気をつけて長く楽しめる植物に

観葉植物は熱帯地方や亜熱帯地方原産の常緑種が多いので、寿命が決まっているものはありません。何十年と長生きし、家のシンボルツリーとして育ってくれるものもあります。一年中温暖な気候である原産の地方と違い、日本には四季があり、特に冬は冷え込むので温度管理が必要ですが、温度、水、風通しなどに気を遣えば、生涯をともにできるパートナーのような植物に育つでしょう。

大きくなりすぎると置き場に困るのであれば、最初からあまり大きくならないものを選ぶのがおすすめです。

Q 植え替える鉢をあらかじめ大きいものにしてもいい？

今より一回り大きい鉢がポイント

観葉植物は1年に一度（植物によっては2〜3年に一度）、今の鉢より一回り大きい鉢に植え替えます。ずっと同じ大きさの鉢で育てていると根が詰まってしまい、枯れる原因になるからです。この時に植え替える鉢は「一回り大きい」というのがポイント。面倒だからと一気に大きな鉢にしてしまうと、土が乾きづらくなり根腐れを起こしたり、土の中の空気量が少なくなり酸欠状態になってしまったりします。楽をしようと思って鉢を大きくしても、結果的に植物を枯らすリスクを多く負ってしまうことになるので、避けた方がいいでしょう。

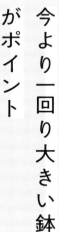

Q 観葉植物は寄せ植えしてもいい？

性質の異なる植物は別々に育てて

観葉植物を多肉植物のように寄せ植えしている方もいますが、私はあまりおすすめしません。P67でも説明したように、植物は様々な性質を持っています。日光が大好きな植物と、強い光を浴びるとすぐ葉焼けを起こし、葉を落としてしまう植物を同じ鉢で育ててしまっては、どちらかが枯れてしまう可能性が高いです。また、多肉植物よりも根の生長が早いので、性質が似ている植物を選んでもお互いの根に干渉してしまい発育不良になることも。元気に育てるためにも、一つの種類を一つの鉢で育てることをルールにしてください。

chapter

05

植物生活を もっと楽しむ

基本の育て方を覚えたら
次はもっと“自分らしく”
植物とともに暮らす方法を
探してみませんか？

idea 01

ハンギングで吊るして楽しもう

限られたスペースに観葉植物を飾るなら、ハンギングがおすすめ。S字フックを使ってカーテンレールに吊るすだけで、緑のある空間をよりおしゃれに演出することができます。

　上から垂れ下がってくるように生長するつる性（半つる性）の植物を選んで、ハンギングポットやマクラメネットなどを使って吊るしましょう。鉢は重いものや割れる素材のものだと万が一落ちてしまった時に危ないので、プラスチックなど軽いものだと安心です。

ハンギングがおすすめの植物

ヒメモンステラ

アイビー

シュガーバイン

フィカス　プミラ

HOW TO

ネットの中に入れるだけ

プラントハンガーといわれるものなら、鉢をそのままネットに入れるだけなので、初心者の方にも簡単です。カーテンレールなどにS字フックをかけ、そこに吊します。

マクラメやガラス製など様々

ハンギングには、アラビア語で「交差して結ぶ」という意味を持つマクラメ編みのものが人気です。コットンロープを使ったものが多く、ナチュラルな雰囲気が魅力。そのほかにガラス製など様々なものがあるので、部屋の雰囲気に合わせて選んでみましょう。

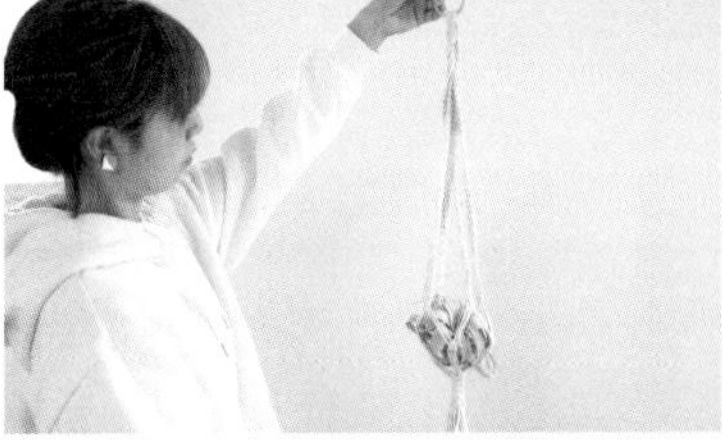

エアプランツもおすすめ

土を必要としないエアプランツをマクラメにそのまま入れて飾る方法も。エアプランツは軽いものが多いので、吊るしていても安心。360度どこからでも鑑賞できる喜びがあります。

idea 02

株分けして増やそう

心を込めて大きく育てた植物は、さらに大きく育ててもいいし、2つに株分けすることもできます。株分けして増やしていくことは、植物を育てる喜びの一つです。株分けできるのはスパティフィラムやペペロミア、ポトス、カラテアなど。すべての植物が株分けできるわけではないので注意が必要です。使う道具は基本的に植え替え時と同じで、植物の生長期である春から初夏にかけて行うようにしてください。

【用意するもの】

観葉植物用の土

鉢植え

鉢

作業用シート

元肥タイプの肥料

土入れ

軽石

鉢底ネット

はさみ

じょうろ

軍手

ピンセット

マルチング材

【方法】 植え替え用の鉢2つに、同様に作業してください。

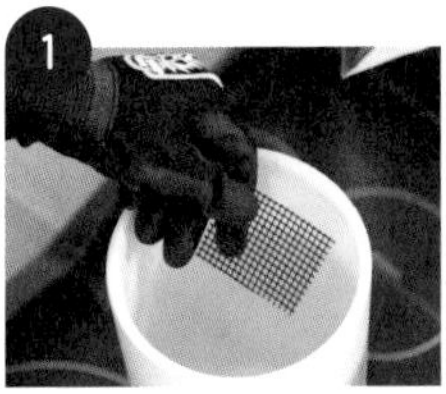

鉢底ネットを鉢穴より一回り大きく切り、鉢底に置く。

鉢底ネットが隠れるよう、3cm程軽石を入れる。

軽石の上に、観葉植物用の土を3cm程入れる。

粒状の元肥タイプの肥料(P33参照) を2つまみ入れる。

株元を持ち、鉢から優しく抜く。

※根を傷つけないよう注意。

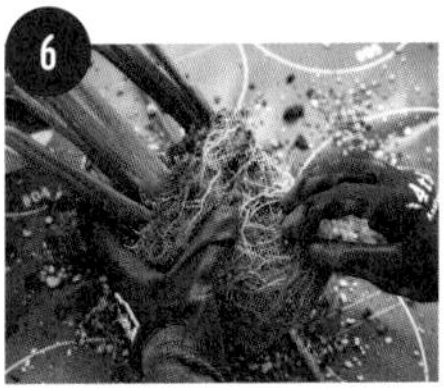

土をほぐしてから根をほぐし、2つに分かれれば⑧へ。

※土が乾いていると楽。

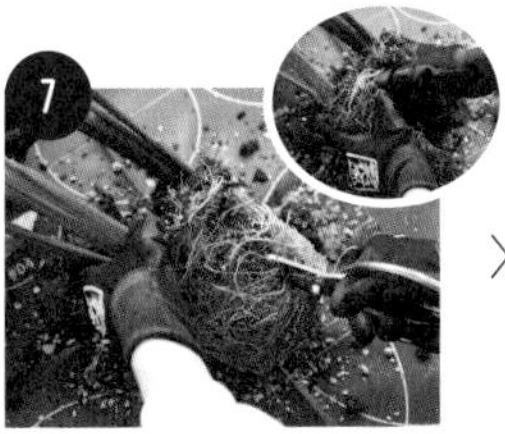

根がほぐれなければ、はさみを使って株を2つに分ける。枯れた根は取り除く。

鉢の真ん中に分けた株を入れ、株元をおさえながら土を入れていく。

土が根の隙間まで入るよう、ピンセットで挿す。

土を入れ終えたら、水やりを。いつもより多めにたっぷり与える。

好みで化粧砂などのマルチング材をのせる。量は土が隠れるまでが目安。

こっちもおすすめ

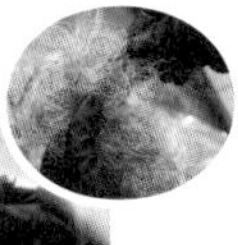

ココナッツファイバーをのせても。手でほぐしてから土の上にのせる。

idea 03

水栽培で涼しく

土の匂いが気になるという人には、水だけで育てる水栽培がおすすめ。剪定した茎は、水挿しすれば増やすこともできるので、手軽に株を増やしたい人にもぜひ試してもらい栽培方法です。透明の容器で育てれば、根の生長が見られて楽しいだけでなく、鉢で栽培するのとは異なり、涼しげな見た目が部屋を彩ってくれます。

【用意するもの】

鉢植え

花瓶

はさみ

【方法】

1

水栽培したい植物の茎を好きな長さで切る。節の途中で切らないように注意。

»

2

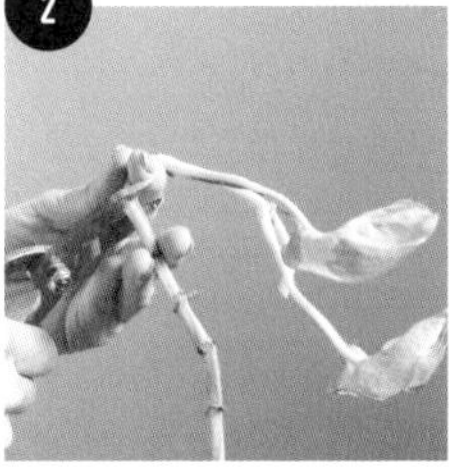

節を２～３つずつ残して切っていく。

»

3

上下がわからなくならないように、切った茎を並べていく。

4

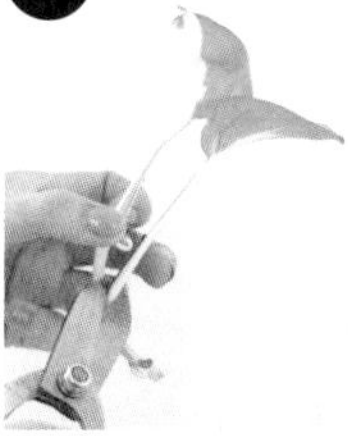

一つの挿し穂につき、葉が1枚になるように剪定する。下の葉から順に剪定を。

»

5

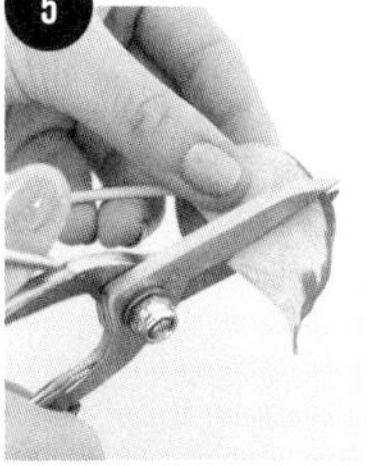

葉が大きい場合は半分に切って、過度な蒸散を防ぐ。

6

残っている余分な茎を切る。

»

7

花瓶に水を入れ、節がしっかり水に浸かるように挿す。

注意

水栽培の水は、毎日交換しましょう。

idea 04

ハイドロカルチャーで育てる

「水やりのタイミングがわからない」「虫が苦手」という方は、土を使わないハイドロカルチャーから始めてみませんか。剪定したものをハイドロカルチャーに移行してもよし。ガラス容器で育てれば、根の様子や水の量が確認できます。水栽培で発根させた挿し穂を使うと、失敗率が低めです。ハイドロカルチャーに向いているのはモンステラやポトス。土と比べて生長が遅いので、ゆっくり育てたい方にも。

【用意するもの】

挿し穂

ガラス瓶

ピンセット

土入れ

根腐れ防止剤

ハイドロボール

都市園芸研究所
ハイドロボール小粒

2L ¥1,100／柴田園芸刃物

ハイドロカルチャーで使用する人工の土。

【方法】

1

今回は4～5か月水栽培し、発根させた挿し穂を使用する。

2

根腐れ防止剤をガラス瓶の底に1mm程入れる。不純物を吸収する役割がある。

3

ハイドロボールを1cm程入れ、土台を作る。

4

どの方向にも根を伸ばせるように、容器の中央に挿し穂を入れる。

5

挿し穂が動かないようにおさえながら、ハイドロボールを上まで追加する。

6

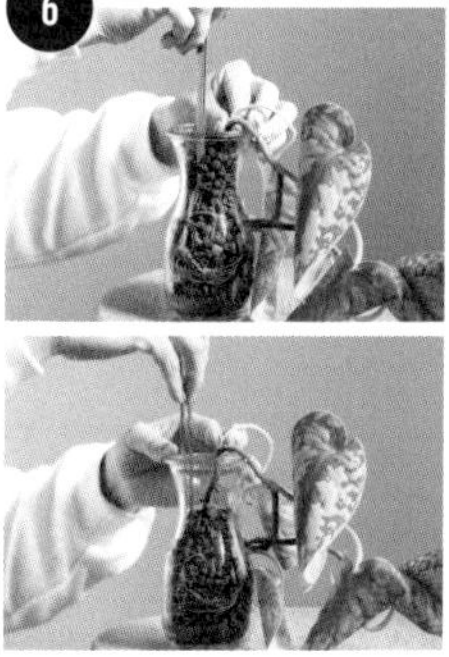

根の隙間までハイドロボールが入るように、ピンセットを挿して詰める。

7

容器の上部を数cm程残して、ハイドロボールを追加する。

8

容器の1/3まで水を入れる。水は1週間に一度（夏場は毎日）交換を。

注意

ハイドロボールは月に一度洗い、根腐れ防止剤は半年～1年ごとに交換を。

YouTubeでも植物生活、発信中！

「もっと気軽に、多くの方にボタニカルライフを楽しんでほしい」という想いから、観葉植物の育て方をYouTubeで発信しています。一番大切だけど難しい水やりのポイントや、植え替えの方法など、初心者の方がつまずいてしまいそうな工程をわかりやすく動画で紹介しているので、わからないことがあればチェックしてください。これからもまだまだ動画を追加していく予定です。

初めての人におすすめの動画 3選

1 ガジュマル の育て方

ユニークな樹形でとても育てやすいガジュマル。水やりのポイントから、毎年春にしてほしい剪定方法まで紹介しています。

2 モンステラ の育て方

私が一番好きな観葉植物。モンステラに関する動画はたくさん公開していますが、まずは基本のこの動画をチェックしてください。

3 パキラ の育て方

寒さや病害虫に強く、生命力のあるパキラ。ぐんぐんと生長してもらうために気をつけたいポイントを紹介しています。

chapter

06

育てる環境&生活スタイルに合わせて選びたい

おすすめの観葉植物

植物を選ぶ前に知っておきたい
それぞれの特徴をご紹介。
おすすめの36種から
好みのものを見つけてみて。

この図鑑の使い方

人によって植物を選ぶ基準は様々。
ここでは、数ある中からおすすめの植物を36種紹介します。

植物の特徴をアイコンで説明

モンステラ

モンステラ アダンソニー

ハートの形をした葉に注目

観葉植物の中で特にポピュラー

インテリアグリーンとして人気のあるモンステラの中で特に普及しているのが、このモンステラ アダンソニー。葉がハートのような形をしていて、左右非対称な切れ込みが入っているのが最大の特徴です。私はこのかわいい葉が大好き。1m程まで育つのでシンボルツリーになってくれます。太陽が大好きなので、明るいカーテンレース越しに置いてあげてください。寒さや乾燥にも比較的強く、耐陰性もあるので育てやすいでしょう。

Point

》挿し木や水耕栽培でも育てられる

》大きくなってきたら支柱を立てて

難易度

水好き度

耐陰性

耐寒性

虫のつきにくさ

サイズ
6号

084

植物を選ぶ際に知りたい５つの項目について、
3段階で評価。ご自身のライフスタイルに合わせて、
育てる植物を選んでみてください。

難易度	初心者向け	上級者向け
水好き度	少なくてOK	たくさん欲しい
耐陰性	陰でも育つ	明るい日陰で育てて
耐寒性《たいかんせい》	寒さに弱い	寒さに強い
虫のつきにくさ	つきにくい	つきやすい

※サイズは、撮影時に使用した植物の号数です。

●この本をどこでお知りになりましたか?(複数回答可)

1.書店で実物を見て　　2.知人にすすめられて
3.SNSで(Twitter:　　Instagram:　　その他　　)
4.テレビで観た(番組名:　　)
5.新聞広告(　　新聞)　　6.その他(　　)

●購入された動機は何ですか?(複数回答可)

1.著者にひかれた　　2.タイトルにひかれた
3.テーマに興味をもった　　4.装丁・デザインにひかれた
5.その他(　　)

●この本で特に良かったページはありますか?

[　　]

●最近気になる人や話題はありますか?

[　　]

●この本についてのご意見・ご感想をお書きください。

[　　]

以上となります。ご協力ありがとうございました。

お手数ですが
切手を
お貼りください

郵便はがき

150-8482

東京都渋谷区恵比寿4-4-9
えびす大黒ビル
ワニブックス書籍編集部

お買い求めいただいた本のタイトル

本書をお買い上げいただきまして、誠にありがとうございます。
本アンケートにお答えいただけたら幸いです。
ご返信いただいた方の中から、
抽選で毎月5名様に図書カード(500円分)をプレゼントします。

ご住所 〒

TEL (　　-　　-　　)

(ふりがな)
お名前

年齢
歳

ご職業

性別
男・女・無回答

いただいたご感想を、新聞広告などに匿名で
使用してもよろしいですか? (はい・いいえ)

※ご記入いただいた「個人情報」は、許可なく他の目的で使用することはありません。
※いただいたご感想は、一部内容を改変させていただく可能性があります。

植物の大まかなカテゴリーについて

本書では紹介する植物を大きく8つのカテゴリーに分けています。ここでは、それぞれの特徴を紹介します。

多肉・ビカク

多肉植物は葉や茎、根に水分を溜められる植物の総称。ビカクシダは最近人気のシダ植物の仲間で、原生地では木に活着しています。日本では板に貼りついていたり、苔玉になっていたりします。どちらもファンが多く、希少価値が高いものも多めです。

初心者向け

初めて育てる植物としておすすめのものです。比較的強く、枯らすことがあまりないものを選びました。このカテゴリー以外にも育てやすい初心者向けの植物を紹介しているので、難易度のアイコンが「初心者向け」のものもチェックしてみてください。

カラーリーフ

観葉植物といえば多くは緑色の葉をつけたものですが、色つきの鮮やかな葉を持つ植物もあります。葉の色は赤、黄、紫、白など、種類によって様々。部屋に置くと、緑色の葉の植物とはまた違った雰囲気が楽しめます。彩りを取り入れたいならぜひ。

エアプランツ

土を必要としないエアプランツは、置く場所を選びません。棚にそのまま置いたり、お皿やスタンドに置いたり、ハンギングしたり、気軽にいろんな飾り方ができます。空気中の水分のみで育つわけではないので、葉水を与えたり、ソーキングしたりしてあげましょう。

モンステラ

葉に深い切れ込みや穴があるのが特徴的なモンステラ。南国のような雰囲気で見た目のインパクトが大きく、育てやすいため高い人気を誇ります。ここではモンステラの仲間を4種ご紹介しているので、葉の形やサイズによって、好みのものを見つけてみてください。

つる性

つる性の植物は棚に置いて垂れさせても、ハンギングで吊るしても素敵な雰囲気に。支柱を立てて上に伸ばしていくことも可能なので、好きな形に育てていく楽しみがあります。葉の形も特徴的でかわいらしいものが多いので、お気に入りの一株を探して。

シンボルツリー

リビングに一つ置くだけで、空間の雰囲気が変わるシンボルツリー。そんな存在感のある植物を選びました。小さめの株を選べば、デスクに飾ることも可能です。どんな部屋にしたいか考えて、メインとなるシンボルツリーを選んでみるのも楽しいはず。

樹木

屋内で育てられる樹木を紹介。生長しても2～3mにしかならない樹木を灌木《かんぼく》といいます。幹に存在感があるものから、繊細なものまで、3種をご紹介。人気のガジュマルも灌木の一つです。飾れば、他の観葉植物とは少し違った雰囲気を楽しめるはずです。

モンステラ アダンソニー

ハートの形をした葉に注目 観葉植物の中で特にポピュラー

インテリアグリーンとして人気のあるモンステラの中で特に普及しているのが、このモンステラ アダンソニー。葉がハートのような形をしていて、左右非対称な切れ込みが入っているのが最大の特徴です。私はこのかわいい葉が大好き。１m程まで育つのでシンボルツリーになってくれます。太陽が大好きなので、明るいカーテンレース越しに置いてあげてください。寒さや乾燥にも比較的強く、耐陰性もあるので育てやすいでしょう。

Point
- 》挿し木や水耕栽培でも育てられる
- 》大きくなってきたら支柱を立てて

難易度

水好き度

耐陰性

耐寒性

虫のつきにくさ

サイズ
6号

ヒメモンステラ

小ぶりで育てやすい
省スペースで育てたい方向け

モンステラに似ていますが、実はモンステラとは異なる種類。「姫」という名前がついていることからもわかる通り、モンステラと比べてあまり大きくならないので、棚の上などでも育てることができます。小さな苗の頃から葉に切れ込みが入っているのが魅力です。育て方や特徴は、モンステラと同じと考えて大丈夫。ぐんぐんと生長していくので剪定は忘れずに。つる性なのでハンギングで吊って育てることもできます。

Point
- 》子株の頃から葉に切れ込みあり
- 》日照不足だと葉が小さく育ってしまう

難易度

水好き度

耐陰性

耐寒性

虫のつきにくさ

サイズ
6号

マドカズラ

窓のような穴がたくさん開いている、ユニークな葉。

葉の見た目がとてもユニーク 自然の造形美を感じて

大きな葉にたくさんの窓のような穴が開いていることから、マドカズラと名づけられました。穴が開く理由は、熱帯雨林のスコールから葉を守るためという説や、下の葉も光合成しやすいように、など諸説あり。モンステラと同じサトイモ科で葉の形もよく似ていますが、切れ込みは入りません。葉が薄く、保水性がやや低いので、水やりだけでなくたっぷりと葉水をしてあげて蒸散しやすい状態をキープしましょう。

Point

≫新芽の頃から穴が開いている

≫大きくなってきたら支柱を立てて

難易度

水好き度

耐陰性

耐寒性

虫のつきにくさ

サイズ
4号

モンステラ（斑入り）

珍しい斑入りは大人気
手間暇かけて丁寧に育てて

葉の一部の色素が薄くなり、白や黄色の斑が入ったもので、希少価値が高く、人気があります。葉の半分が白くなったものは「ハーフムーン」、3つの異なるトーンの斑が一つの葉に出ているものは「三光斑《さんこうふ》」と呼ばれることもあります。斑は突然変異で現れるとされていて、日照不足などが原因で消えてしまうので、斑の入った植物は上級者向きです。一度消えた斑は復活しないため、日頃からこまめに観察してあげてください。

Point

》日当たりが悪いと斑が消えてしまう

》適度な光量をキープすることが大切

難易度

水好き度

耐陰性

耐寒性

虫のつきにくさ

サイズ
6号

ポトス ステータス

初めての植物に最適 育てる喜びを教えてくれます

手頃な価格で手に入り、育てやすいので観葉植物の中では最もベーシックといえる種類です。初めての植物としてもおすすめです。日光は大好きですが、日陰でも大丈夫。電球の光でも大きくなります。ただ、葉っぱの色をキープするには日光が必要なので、たまに日光浴させてあげるといいでしょう。葉の端が丸まってきたら水分が足りない証拠なので、葉水を。ハイドロカルチャーでも育ちます。株分けして増やすのも楽しいですよ。

Point

≫日が当たらない場所でも生育可能

≫初めての株分けに最適

難易度

水好き度

耐陰性

耐寒性

虫のつきにくさ

サイズ
5号

アイビー

星のような形をした葉が愛らしい。

観葉植物の中でピカイチの生命力
置く場所を選ばないタフな種類

ポトスと比べると少しシャープなルックス。葉に斑が入っているものや、マーブル模様のものなど、葉の模様に個体差があります。「ヘデラ」という名前で販売されていることもあります。しっかりとした丈夫なつるを伸ばすうえ、屋外でも冬を越せるくらい寒さに強いのが特徴。外壁を覆いつくしてしまうくらい生命力は強めです。耐陰性があり水耕栽培でも育つので、水挿しにしてキッチンや洗面所に置くのもいいですね。

Point

》暑さにも寒さにも強い最強品種

》生長が早いので根詰まりに注意

難易度

水好き度

耐陰性

耐寒性

虫のつきにくさ

サイズ
3号

シュガーバイン

小さな葉が連なって垂れ下がるかわいらしいルックス。

葉が垂れ下がる姿がかわいい 明るくナチュラルな雰囲気

ブドウ科の植物で、葉がブドウの葉に似ています。樹液が甘いことから、甘いつる＝「シュガーバイン」という名前がついたそうです。優しい見た目が愛らしく、茎の部分がしなやかなので、ハンギングするときれいに枝垂れるように育ちます。背の高い棚に置いてつるを下へ流すようにするのもおすすめです。寒さには弱いので、外で管理している場合は秋口になったら屋内へ移動を。苗を買う際は、株元から葉が茂っているものを選んで。

Point

》ナチュラルなインテリアによく合う

》上から下へ枝垂れるように育てよう

難易度

水好き度

耐陰性

耐寒性

虫のつきにくさ

サイズ
3号

スキンダプサス トレビー

星のようなシルバーの斑入り 寒さ対策はしっかりと

肉厚な葉っぱと、ちりばめられたシルバーの斑がきれいな植物で、まるで夜空を眺めているよう。日当たりのいい場所で育てると1年で20～30㎝、一気に生長します。すくすく伸びるので、育てがいがあります。寒さが苦手なので、冬は窓際に置くのは避けた方がベター。根が水を吸収する力が強いため、他の植物より土が乾くスピードが早いです。水やりはしっかりと。ただ、茎と葉に保水をしているので水切れにも強いのが特徴です。

Point
- 生長期は土が乾くペースが早め
- 水耕栽培や挿し木で増やせる

難易度

水好き度

耐陰性

耐寒性

虫のつきにくさ

サイズ
3号

フィカス プミラ

つるをカットして、ハイドロカルチャーで育てても。

沖縄では自生している アジア原産の植物

日本などアジアが原産地で、沖縄など暖かい地方では自生しています。ゴムの木の品種の一つなので、樹液に触れるとかぶれてしまいます。小さなお子さんがいる家庭では、手が届かないよう高い位置から吊るしてください。つるが丈夫なので、ワイヤーを使って仕立てれば、丸くしたりハートの形にしたりと、アレンジが楽しめます。乾燥を嫌うので、通年葉水はしっかりと。葉が密集している株元は虫が潜みやすいので注意。

Point
- 樹液に触れるとかぶれるので注意
- 乾燥＆虫対策として葉水は忘れずに

難易度

水好き度

耐陰性

耐寒性

虫のつきにくさ

サイズ
3号

フィカス バンビーノ

生命力が強くたくましい 花言葉は「永久の幸せ」

ゴムの木であるフィカスの一つ。フィカスの品種は800種にも及ぶとされており、その中でもフィカス バンビーノは、光沢があり波打った葉が特徴です。環境の変化に若干弱く、葉が落ちてしまうこともありますが、枯れたとは限らないので、新芽があれば問題ありません。葉が大きく、重なるように密集しているので虫が潜みやすいです。病害虫の被害が顕著に出てしまうので、防虫対策はしっかりとしてあげてください。

難易度

水好き度

耐陰性

耐寒性

虫のつきにくさ

サイズ
6号

Point
- バラの花のように葉が重なり合っている
- 防虫対策は薬剤を使って適切に

フィカス ウンベラータ

大きなハートの形をした葉 明るく暖かい場所に置いて

葉がハートの形をしているのが特徴。フィカス バンビーノ（P93）などと比べると葉が薄いので、保水力がやや低め。葉水を忘れずに。太陽を探して伸びるので、たまに鉢を回して向きを変えると形をキープできます。他のフィカス同様暑さには強いですが、その分寒さにやや弱め。最低気温が10℃を下回ると、葉がすべて落ちてしまうことがありますが、春には新芽が出てきてまた生長します。冬に元気がなくなっても、春まで待ちましょう。

難易度

水好き度

耐陰性

耐寒性

虫のつきにくさ

サイズ
6号

Point

》葉が落ちてしまっても春を待とう

》日がまんべんなく当たるよう鉢を回す

エバーフレッシュ

昼は葉を広げて光合成し（上）、夜は蒸散を防ぐために葉をたたむ（下）。

かわいい花を咲かせる夫婦円満を象徴する植物

ネムの木の仲間で、夜眠る「就眠運動」をします。スタイリッシュな細い枝をすっと上に伸ばして生長します。原産地はボリビアやブラジルで、現地では30m程まで大きく育つそうです。葉が繊細なので、葉水は通年欠かさずにしてあげてください。春から秋の生長期は、土が乾いたらたっぷりと水やりを。水分が足りないと葉を落としてしまうこともあります。冬は、寒さへの耐性を強めるため、水を締めて育ててあげましょう。

Point

》葉が落ちやすいが、回復も早い

》新芽が黒いので摘まないように注意

難易度

水好き度

耐陰性

耐寒性

虫のつきにくさ

サイズ
6号

テーブルヤシ

屋内で育てられるヤシ 部屋が南国の雰囲気に

小型のヤシの木なので、大きくなっても2~3m程。ヤシの木と聞くと、屋外の強い日差しのもとで育つイメージがあると思いますが、テーブルヤシは直射日光が苦手。耐陰性があるので、やや薄暗い部屋でも元気に育ってくれます。ただ、日光が足りなすぎると葉の色が薄くなってしまうので注意。空間の乾燥には気をつけてあげてください。虫は比較的つきにくく、暑さに強いので、夏は外でも育てられます。初心者の方におすすめ。

Point

》葉水でしっかりと保湿

》下葉が枯れたら取り除く

難易度

水好き度

耐陰性

耐寒性

虫のつきにくさ

サイズ

4号

ドラセナ サンデリアーナ

シャープな雰囲気の葉が魅力「幸運を呼ぶ木」として人気

ドラセナは品種が多く、葉の形やサイズも様々。小ぶりなものは100円ショップでも販売されています。水分を溜め込む習性があるので、水切れに強いです。土が乾ききってから、1~2日後に水やりを。その分、根腐れを起こしやすいので気をつけてください。暑さには強く、寒さには弱いので、寒さ対策は忘れずに。下葉が枯れてきても、新陳代謝であることが多いので、新芽が生えてくれば問題ありません。

Point

》葉にほこりを溜めないよう注意

》乾燥に強いので水やり少なめでOK

難易度

水好き度

耐陰性

耐寒性

虫のつきにくさ

サイズ
3号

コルジリネ サンゴ

葉の色合いや模様に注目 空間を引き締めるルックス

葉模様が美しい種類で、品種も豊富。品種によって色合いが異なるので、自分の好みに合ったものを選ぶのも楽しいです。ドラセナ（P97）と見た目が似ていますが、別の種類。見分けるには葉の柄と茎に注目を。コルジリネは柄入りの葉をつけ、茎に根茎を形成します。寒さに弱く、耐陰性もあまりないので、家の中で日が当たる場所を探して置いてあげましょう。日照不足だと葉の色が悪くなります。暑さには強いので、夏は外で育てても。

難易度

水好き度

耐陰性

耐寒性

虫のつきにくさ

サイズ
9号

Point
- 》葉の色や柄は品種によって様々
- 》直射日光を避けた明るい場所で育てよう

シェフレラ

寒さに強く、日陰でも元気 初めての植物に最適

耐寒性と耐陰性があり、水切れに強いという三拍子揃った植物で、初心者の方に特におすすめしたい種類。花が咲いたように葉を広げるのが特徴。0℃まで寒さに耐えられるので、場所によっては外でも越冬が可能です。環境の変化にも強いので、玄関など寒暖差のある場所でもダメージを受けづらいので安心。休眠期に入る冬でも、屋内の暖かい場所に置いていれば育つので、水を欲しがっていたらその都度水やりをしてあげてください。

Point
- 失敗が少ない育てやすい種類
- 全体のバランスを見て気軽に剪定を

難易度

水好き度

耐陰性

耐寒性

虫のつきにくさ

サイズ
4号

パキラ

生命力が強く、金運を呼ぶ植物として愛される

原産地の中南米では、20m程まで大きくなる常緑高木。通年、瑞々しい葉を広げます。耐陰性はありますが、日照不足だと葉の色が悪くなり、新芽が出てこないことも。その場合は日差しが強すぎない午前中に日光浴をさせてあげてください。幹がスポンジ状の繊維になっているので保水性が高く、乾燥や水切れに強いです。また、新芽が出てくるスピードが速いため、土の栄養分をよく吸収します。肥料をしっかり与えてあげましょう。

Point

》新芽が次々と展開し生長が早い

》保水力高めなので、水のあげすぎ注意

難易度

水好き度

耐陰性

耐寒性

虫のつきにくさ

サイズ
4号

ガジュマル

見た目がユニークだからこそ愛着がわく一株に

一般的にガジュマルと呼ばれて流通していますが、フィカスの品種の一つで、正式名称はフィカスミクロカルパといいます。日本では沖縄などで自生していて、「精霊が宿る木」として親しまれています。一番の魅力はこの見た目。気根がぷっくりとしていて、同じ見た目のものは一つとしてありません。気根を伸ばし、至る所から栄養を吸収します。日光を好むので、生長期は外で育てるとぐんぐん生長します。

難易度

水好き度

耐陰性

耐寒性

虫のつきにくさ

サイズ
3号

Point

》気根の表情の違いを愛でよう

》日当たりの良い場所で育てて

ソフォラ リトルベイビー

ポツポツと小さな丸い葉をつけるのがかわいい。

細くジグザグに伸びる枝と小さくて丸い繊細な葉

数年前から人気が高まっている観葉植物。節ごとに折れるように伸びる枝と、小さく丸い葉が魅力です。日当たりを好みますが、葉がとても繊細で直射日光に当たると落ちてしまいます。また、蒸れが苦手なため、根腐れするとダメージが大きく出てしまうので注意を。ただ、葉は乾燥するとパリパリとしてしまうので、葉水での保湿も必須。環境の変化に弱いので、徐々に自宅の環境に慣れさせることも大切です。

難易度

水好き度

耐陰性

耐寒性

虫のつきにくさ

サイズ
3号

Point

》枝や葉が華奢な分、繊細な面も

》葉が落ちてしまったら原因を探って

ビカクシダ ネザーランド

コウモリの羽のような見た目がユニークなシダ植物

垂れ下がるように伸びる葉がコウモリの羽のようなルックスなので「コウモリラン」とも呼ばれる、シダの仲間。株元に貼りつくように広がり、中に水を貯める貯水葉と、胞子を作る胞子葉の2種類の葉を持ちます。貯水葉は古くなると茶色に変色しますが、枯れてしまったわけではないので心配しなくて大丈夫。暑さに強く、寒さに弱いのが特徴。水やりはたっぷりと。バケツなどに水を溜めて腰水でしっかりと吸水させてあげましょう。

Point

- 》木の板などに着生させて育てることもできる
- 》寒さに弱いので、冬は気温管理を忘れずに

難易度

水好き度

耐陰性

耐寒性

虫のつきにくさ

サイズ
5号

アガベ 王《おう》妃《ひ》雷《らい》神《じん》錦《にしき》

無骨なシルエットが人気
種類により大きさも様々

アガベは300種程の品種がある多肉植物です。直径数㎝のものから5m程になるものまで、大きさも様々。テキーラの原料に用いられているので、知っている方も多いかもしれません。日光が大好きなので、日当たりの良い場所に置いて育てましょう。多肉植物なので、水やりは控えめにして乾燥気味に育ててください。休眠期に入る冬は月に1回程の水やりで大丈夫。生長がゆっくりなので、狭いスペースで育てたい人にもおすすめ。

Point
》暑さにも寒さにも強く、丈夫
》砂漠原産のものが多いので光を好む

難易度

水好き度

耐陰性

耐寒性

虫のつきにくさ

サイズ
4号

アデニウム 巻葉

くるんと巻いた葉がかわいらしい。

幹や根がぷっくりと肥大 美しい花を咲かせることも

「砂漠のバラ」とも呼ばれるアデニウムは、砂漠など乾燥地帯の植物なので、乾燥に強いのが特徴。存在感のあるぷっくりとした根や幹に水分を蓄えられる塊根植物（コーデックス）です。水をあげすぎると幹がぶよぶよになり、根腐れを起こします。幹がシワシワになったら水やりの合図です。日光が好きなので、風通しの良い場所に置き、たっぷりと日光に当ててあげます。ハダニやカイガラムシがつきやすいので、防虫対策はしっかりと。

Point

- 》根腐れを起こさないよう注意
- 》枝を太くするには剪定も必要

難易度

水好き度

耐陰性

耐寒性

虫のつきにくさ

サイズ
3号

ペペロミア オブツシフォリア（斑入り）

丸い葉がキュート SNSで人気の最旬植物

海外を中心にSNSで人気が出て、日本でも大人気。種類が多く、葉の形も様々で、好みの株を見つける楽しさもあります。どのペペロミアも葉がぷっくりとしていて保水できるため、水切れに強いです。水やりのタイミングを2~3日逃してしまっても、あまり気にしなくて大丈夫。葉が薄くなってきたら、日照不足の証拠。明るい場所で育てましょう。寒さは苦手なので、屋内でも15℃を下回るようなら暖かい場所に移すか、室温の調整を。

Point

- 稲穂のような花を咲かせる
- 水切れに強いので根腐れに注意

難易度

水好き度

耐陰性

耐寒性

虫のつきにくさ

サイズ
7号

初心者向け

サンスベリア トラノオ＆ピングイキュラ

初心者でも失敗しらず 〝最強〟観葉植物

アフリカ原産の、多肉植物の一種。一番ベーシックなのが、葉に縦模様が入ったサンスベリア ローレンティ（写真左）。虎のしっぽに似ていることから、トラノオとも呼ばれています。どちらも乾燥に強く、蒸れに弱いのが特徴。ただ、蒸れだけ気をつければ、耐陰性や適応能力があるので、個人的には観葉植物一、育てやすいと感じています。最初の植物としてもおすすめ。枯らす心配が少ないので、気軽にボタニカルライフを楽しめます。

Point

- 生長が早いので、根詰まりに注意
- 葉に若干シワが寄ってきたら水やりを

難易度

水好き度

耐陰性

耐寒性

虫のつきにくさ

サイズ
4号／3号

スパティフィラム

白い花を咲かせる観葉植物 贈り物としても人気

細長く、色が濃い上品な葉が特徴。種類によって葉に光沢感があったり、まだら模様があったりと異なりますが、どれも花びらのような仏炎苞《ぶつえんほう》をつけ、その中心に肉穂《にくすい》花序《かじょ》というつぶつぶとした花が咲きます。耐陰性があり、水切れにも強く、育てやすい植物です。環境が合えば、一年中花を咲かせてくれます。ただ、シュウ酸カルシウムを多く含んでいることから、ペットが食べると中毒症状を引き起こしてしまうことがあるのでご注意を。

Point

- 》棒状の花序に小さな花がたくさん咲く
- 》葉が垂れたら水切れのサイン

難易度

水好き度

耐陰性

耐寒性

虫のつきにくさ

サイズ
3号

初心者向け

ストレリチア オーガスタ

適応能力抜群！大きな葉で光合成をしてぐんぐん伸びる

高温にも低温にも強い丈夫さが一番の魅力。多くの観葉植物は約30℃を超えるとバテてしまいますが、ストレリチアは40℃くらいまで大丈夫。冬も3℃くらいまで元気です。日光に当たれば当たる程よく育ちますが、耐陰性もあるので、暗い部屋でもゆるやかに育ってくれます。多肉植物のように根に保水できるので、水切れで枯れることはほとんどありません。新芽が開かない場合は、日照不足や根詰まりしていることが多いのでチェックを。

Point
- 》生長期にぐんぐん伸びる
- 》新芽が開かない場合はSOSのサイン

難易度

水好き度

耐陰性

耐寒性

虫のつきにくさ

サイズ
4号

エメラルドウェーブ

ウェーブ状に波打った葉の形状が美しく、海外でも人気。

波打つ葉が美しい水回りにも置ける植物

日本生まれの観葉植物。海外では「クリスピーウェーブ」とも呼ばれて親しまれています。名前のとおり、ウェーブ状に波打つ葉が美しいシダ植物の一種。耐陰性に優れているので、育てやすい品種。切り葉にしても長持ちします。強い日差しに当たると葉焼けしてしまうので、直射日光の当たらない場所で育てましょう。乾燥した環境が苦手なので、葉水はしっかりと。小さな株程水切れしやすいので水やりのタイミングには気をつけて。

難易度

水好き度

耐陰性

耐寒性

虫のつきにくさ

サイズ
3号

Point

》乾燥が苦手なのでエアコンには注意を

》水切れを起こすと葉が黄色く変色する

カラテア マコヤナ

夜にかけて葉を立てて閉じ、表と裏の両方を楽しめる。

朝と夜で表情を変える 美しい模様の葉

まるで絵画のような美しい模様を持つ葉が最大の特徴。葉の裏が赤紫色をしているので、表と裏で全く異なる表情を見せてくれます。朝になると葉を開き、日が落ちてくると葉を閉じる就眠運動をします。強い日差しに当たると葉焼けを起こしますが、逆に日光が足りないと葉の模様が薄くなってしまうので、置く場所には調整が必要です。また、水切れを起こすと葉に顕著にダメージが出ます。土が乾きすぎていないか観察してください。

Point

》日が強すぎず、弱すぎない場所で育てる

》蒸れと水切れに弱いので、過保護気味に

難易度

水好き度

耐陰性

耐寒性

虫のつきにくさ

サイズ
8号

クロトン アケボノ

鮮やかな葉が魅力 エキゾチックな雰囲気に

マレー諸島や太平洋諸島が原産。「変葉木」という別名がつく程、突然変異を起こしやすい観葉植物としても知られています。鮮やかでエキゾチックな雰囲気を持つカラーリーフが魅力。耐陰性はあまりなく、太陽の光をとても好むので、日当たりの良い場所に置いてください。日陰で育てると美しい斑が消えてしまうことも。生長期は外で育てることをおすすめします。寒さに弱いので15℃を下回ったら必ず屋内に入れてあげましょう。

難易度

水好き度

耐陰性

耐寒性

虫のつきにくさ

サイズ
5号

Point

》斑を消さないために日当たりの良い場所で
》褐斑《かっぱん》細菌病という細菌病に注意

ストロマンテ トリオスター

南国らしさを感じられる葉が美しいカラーリーフ

トロピカルな柄、色が目を惹くストロマンテ トリオスターは、とにかく葉を愛でてほしい種類。家のインテリアの差し色としても活躍してくれます。カラテア マコヤナ（P111）と同様に就眠運動をするので、朝と夜で異なる見た目を楽しめるのも嬉しいポイント。日中の明るい時間帯にも葉を閉じている場合は、水切れのサイン。水をたっぷりと与えましょう。日光が足りないと斑が消えてしまうので、置く場所には注意してください。

難易度

水好き度

耐陰性

耐寒性

虫のつきにくさ

サイズ
6号／6号

Point
》空間の湿度を好むので、通年葉水は忘れずに
》生長期には株分けを楽しんで

エアプランツ

土が要らず置き場所も自由
気軽に取り入れられる品種

土を必要としないエアプランツ。品種が多く、どれも適応能力が高く育てやすいので、好みの見た目のものを探しましょう。葉には空気中の水分を吸収したり、強い光によるダメージを防いだりする、産毛のような「トリコーム」が生えています。空気中の水分だけで育つと思っている方もいらっしゃるかもしれませんが、エアプランツにも水やりは必要。週に2回程、霧吹きで全体がしっとりと濡れるくらい水を吹きかけてあげてください。常

Point

》霧吹きで水分を与えてあげる

》日当たりの良い場所で光合成を

チランジア ジュンセア

長く伸びた硬い葉が、スタイリッシュな印象を与えます。100円ショップなどで販売されていることも。

チランジア イオナンタ

開花期になると株全体が赤く変わります。「イオナンタ」だけでも10以上の品種があります。

チランジア カプトメデューサ

名前の由来は、ギリシャ神話に出てくるメデューサ。メデューサの髪のように、葉がうねるのが特徴です。

に濡れている状態だと良くないので、通気性の良い場所で育てましょう。

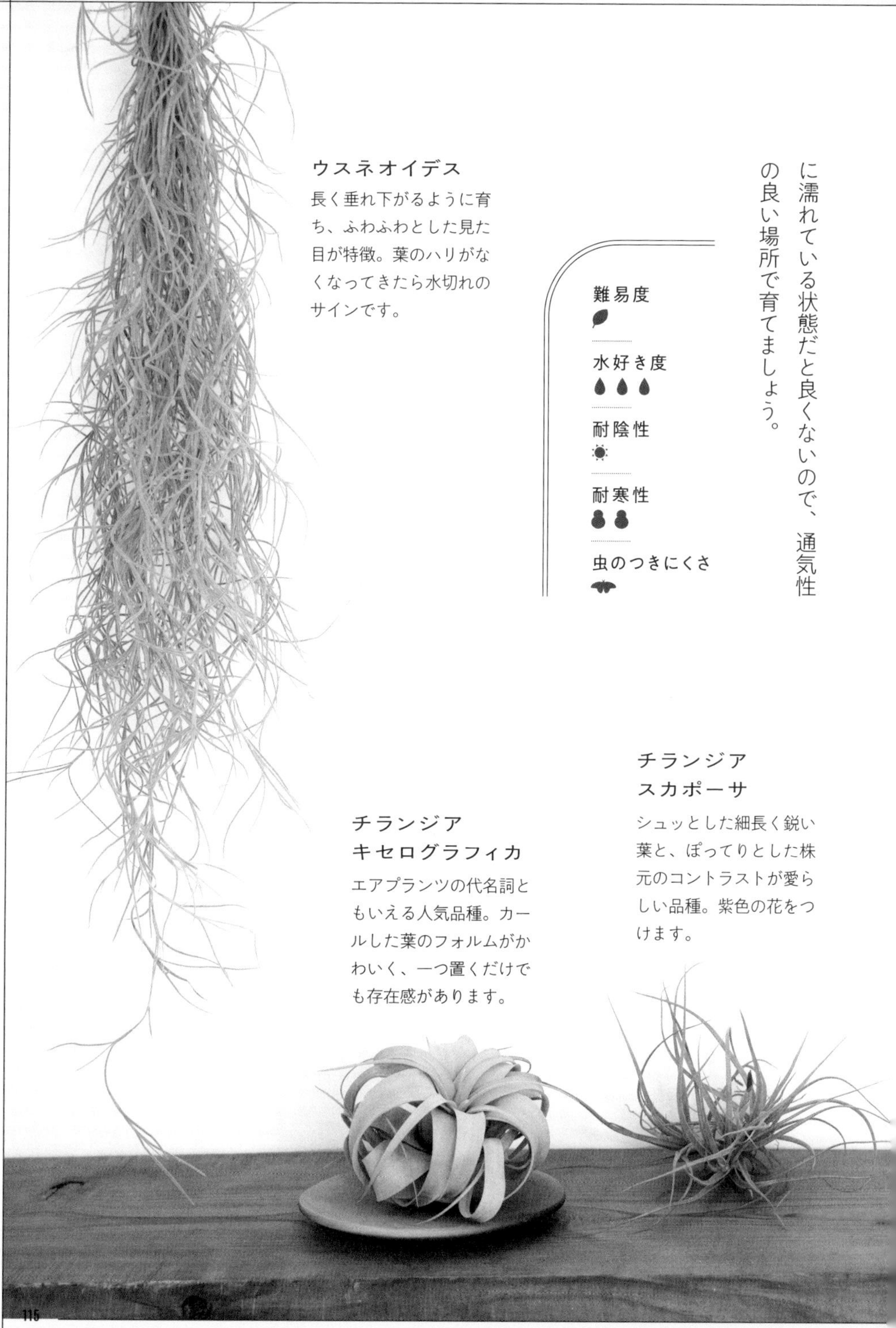

難易度 ●

水好き度 ●●●

耐陰性 ●

耐寒性 ●●

虫のつきにくさ ●

ウスネオイデス

長く垂れ下がるように育ち、ふわふわとした見た目が特徴。葉のハリがなくなってきたら水切れのサインです。

チランジア スカポーサ

シュッとした細長く鋭い葉と、ぽってりとした株元のコントラストが愛らしい品種。紫色の花をつけます。

チランジア キセログラフィカ

エアプランツの代名詞ともいえる人気品種。カールした葉のフォルムがかわいく、一つ置くだけでも存在感があります。

エアプランツの育て方

土を必要としないエアプランツは、気軽に育てることができます。明るく風通しの良い所であれば置く場所も自由で、暮らしに取り入れやすい植物です。

飾り方

皿やスタンドに置いて

棚の上などに置いて飾る場合は、アクセサリーなどの小物のように、好みの皿の上に置くとぐっとおしゃれに。エアプランツを飾るためのスタンドも販売されています。

そのまま置いて

株元が濡れたままにならないようにできるなら、棚にそのまま置くのもあり。アイテム要らずなので、エアプランツを手軽に育ててみたい人におすすめです。

ハンギングで吊るして

マクラメ編みのネットに入れて吊るしたり、ワイヤーオブジェと組み合わせたりして、インテリアコーディネートを楽しめます。

水やり

気孔が夜～朝に開くため、水やりは夕方に行います(冬は冷え防止のため朝でOK)。他の観葉植物と水やりのタイミングが異なるので注意して。

霧吹き

霧吹きでたっぷりと水を吹きかけます。しっかりと濡れるまでが目安。濡れる、乾くを繰り返して生長するので、乾いたのを確認してから水やりをしましょう。

ソーキング

霧吹きができない場合や長期間家を空ける場合は、水をはったバケツにエアプランツを浸す「ソーキング」をしましょう。浸す時間は5～6時間が目安。長時間浸すと腐ってしまうので注意。水からあげたら、株元に水分が溜まらないように逆さにして布巾などの上に置いておきましょう。

鉢で雰囲気が変わる

植物と鉢の組み合わせを考えるのも、楽しみの一つ。同じ植物でも鉢によって雰囲気が変わります。ここでは私が好きな鉢ブランドや作家さんを紹介します。

バージ

植物と調和し、自然を感じる暮らしを提案するブランド。シンプルなセラミック製の鉢から、インテリアにアクセントを加えてくれる個性的な鉢まで、幅広い種類が揃います。ハンギング用の鉢や花瓶の取り扱いもあり。

／植木鉢専門店バージ

murmures

凛とした佇まいのシンプルな鉢を多く取り扱うブランド。実用性とデザイン性を兼ね揃えていて、どんな植物にも合います。

／mana's greenにて取り扱い

おすすめの鉢作家

私も携わるオンラインショップ「mana's green」でも
取り扱わせていただいている、人気の鉢作家さんをご紹介。

持木祐一さん

東京造形大学デザイン学科卒業後、飲食店などの立ち上げに従事したのち、作家に。自然物から着想を得た鉢は、大胆なカラーリングや迫力のある形が特徴的です。
Instagram　@yuichimochigi

關まどかさん

女子美術大学工芸学科卒業後、東京・多摩にて作陶。オリジナルの釉薬を開発。詩的な雰囲気を持つ、淡い色合いの幻想的な鉢制作を得意としています。
Instagram @sekima_31

土居万里子さん

北海道・札幌にて陶芸活動を続ける作家。観葉植物を引き立てる、絶妙な色の組み合わせが魅力です。どんな空間にもマッチします。
Instagram @mariko_doi_pomme

おすすめの園芸アイテム

持っているとボタニカルライフがより快適になる、おすすめのアイテムを紹介します。これらがあると、初心者の方でも失敗を減らすことができますよ。

MY PLANTS
葉をきれいにするミスト

220mℓ　¥902／住友化学園芸

葉に溜まったほこりなどの汚れをきれいにしてくれる、葉面洗浄剤。葉に吹きかけるだけで、いきいきとしたつやと輝きが増します。お手入れにぜひ持っておきたい一品。

サスティー

ホワイト　M　¥547／キャビノチェ

鉢に挿すだけで使える植物用水分計。水やりのタイミングがわからない人におすすめ。土が水を含んでいる際は青に、水が足りなくなると白くなり、土の乾き具合が一目でわかります。

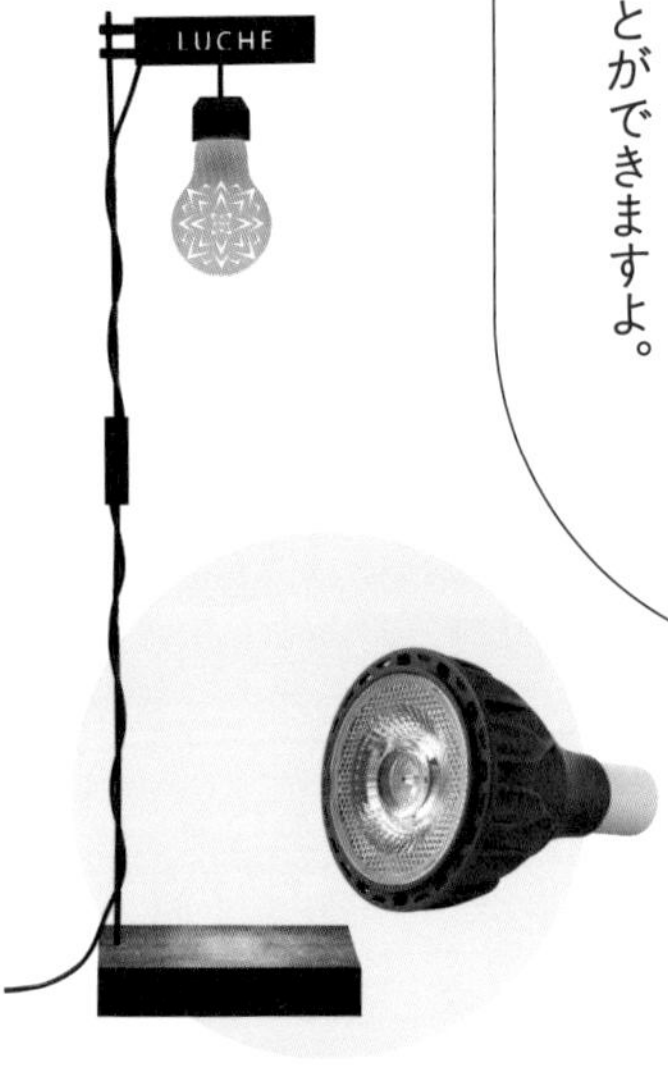

育成ライト

(左) INTERIOR & GROW LUCHE　オーダーメイド品
(写真はmana's farm オリジナルデザイン)
¥4,400／SCHWINSEN
(右) Helios Green LED HG24　黒　¥7,480／JPP

太陽光の役割を担ってくれるライト。日当たりの悪い場所でも植物を育てたい時に、持っていると便利。USBに挿して使うもの、照明器具につけて使うものと様々な商品あり。詳細はP11参照。

マルチング材

（左下）ココナッツファイバー ナチュラル
（右下）ココナッツファイバー ベージュ
ともに50g ¥319／植木鉢専門店バージ
（右上）化粧砂　著者私物

鉢の見栄えを良くするために、土の上に敷いて使用します。虫の発生を防ぐ効果も。マルチング材の素材や色で雰囲気を変えられるので、好みのものを選んで。

照度計

著者私物

観葉植物を置きたい場所に、育成に適した明るさがあるかどうかを測る際に使用します。明るさは1000ルクス～が目安です。私は海外メーカーのものを使用しています。

SwitchBot
温湿度計＆加湿器

（左）SwitchBotスマート加湿器　3.5L　¥5,980
（右）SwitchBot温湿度計プラス　¥2,780
／ともにSWITCHBOT社

「SwitchBot」は外出先でもアプリで管理できて、植物を育てる環境を整えるのに便利。温湿度計は気温が高くなりすぎると、アプリで教えてくれます。

霧吹き

（左）スプレーボトル　350mℓ　¥220／DAISO
（右）プラントスプレイヤー　レッド　500mℓ
¥3,080／植木鉢専門店バージ

葉水を与える際や、エアプランツの水やりに欠かせないアイテム。細かいミストが出て、スムーズに噴射できるものがおすすめです。

園芸用語

植物を育てるうえで知っておきたい、専門用語を紹介します。

※五十音順

【株分け】

大きく生長した株を、分けて増やす方法。古い土を落とし、新しい鉢に植え替えます。詳細はP74を参照。

【気《き》根《こん》】

土の中ではなく、地上部（空気中）に伸びて、養分や水分を吸収する根のこと。モンステラやガジュマルなどに生えてきます。

【給水】

植物に水を与えること。観葉植物は土が乾いたら水をたっぷり与えるのが基本。外出が多い方は自動給水機を使うのがおすすめです。

【休眠期】

植物の生長が一時的にゆるやかになる時期のこと。観葉植物は秋から冬にかけてが休眠期にあたります。

【腰《こし》水《みず》】

バケツなどに水をはって、そこに植物を鉢ごと入れて鉢底から水を吸わせる方法。水切れを起こして弱っている場合などに行います。

【挿し木】

カットした枝や茎を土に挿して、新しく根や芽を出させる方法。繁殖方法の一つです。

【下《した》葉《ば》】

幹の下の方に生えている葉のこと。上に生えている葉に隠れ、光合成がしにくく、新しい葉が生えてくると落葉することも。

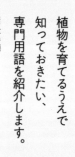

【支柱】

植物の茎を支える棒などのこと。モンステラなど、半つる性の観葉植物を仕立てる際に使用します。


【締めて育てる】

水やりのタイミングで水を与えずに育てること。スパルタ式で育てることで、適応能力の高い植物にする狙いがあります。


【遮光】

直射日光が当たらないように、光を遮ること。観葉植物は強い光に弱いので、カーテンレースなどで遮光します。


【新芽】

新しく生えてくる芽のこと。下葉が落葉しても、新芽が生えてくれば心配ありません。新陳代謝を行って生長している印です。


【生長期】

新芽を出したり、花を咲かせたり、植物が生長する時期のこと。観葉植物では春から秋にかけてが生長期にあたります。


【剪定】

伸びすぎてしまった枝や茎を切って、樹形を整えること。葉の量を少なくすることで光合成をしやすくする狙いも。


【ソーキング】

バケツなどに水をはり、エアプランツを浸けて、株全体から水を吸わせる方法。長期不在にしていて水やりができなかった場合などに行います。


【耐《たい》陰《いん》性《せい》】

日照が少ない暗い場所でも耐えられる性質のこと。ただ、耐陰性がある植物でも全く日が当たらない場所では育たないので注意。


【耐《たい》寒《かん》性《せい》】

寒さに耐えられる性質のこと。本書で紹介しているアイビーやパキラなどは最低気温5℃くらいまで耐寒性があります。


【追《つい》肥《ひ》】

生育中に与える肥料のこと。休眠期に与えると枯れる原因になってしまうので、必ず生長期に与えるようにします。

【徒長《とちょう》】

日光不足により、茎や枝が長く細く伸びてしまうこと。見た目だけでなく生長にも悪影響なので、徒長した部分は剪定しましょう。

【根腐れ】

水や肥料の与えすぎで根が腐ってしまうこと。初心者が観葉植物を枯らしてしまう一番の原因です。

【根詰まり】

鉢いっぱいに根が生長してしまうこと。水分や養分の吸収が悪くなり、枯れる原因に。適度に植え替えをしないと根詰まりを起こします。

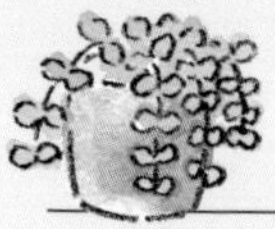

【根張り】

根の張り具合を表す言葉。しっかり育っている状態を「根張りが良い」といいます。

【鉢上げ】

生長した苗を鉢に移植すること。水耕栽培から土栽培へ移行する際にも使います。

【葉水《はみず》】

土に水を与える「水やり」とは異なり、葉にかける水のこと、また葉に水をかけること。霧吹きを使って行います。

【葉焼け】

直射日光に当たり、葉の一部が焼けたように変色してしまうこと。日差しが強い夏は特に注意が必要です。

【斑《ふ》】

葉に入る模様のこと。外的または遺伝的要因があるとされています。日光に当たりすぎたり、また日光が足りなすぎたりすると斑が消えてしまうこともあります。

【水切れ】

植物が育つために必要な水分が不足している、またはない状態のこと。水切れは葉の状態でわかることが多いです。

【元肥《もとごえ》】

植え替え時に使う肥料のこと。土に混ぜたり、根の下の方に入れたりして使います。元肥の使い方はP36、74を参照。

shop info

くるちゃんが携わるオンラインショップ

mana's green オンラインショップ	https://manas-green.com/
	042-941-6078
くるみどりオンラインショップ	https://kurumidori.thebase.in/

ご協力いただいたメーカー・ショップ

植木鉢専門店バージ	https://www.rakuten.ne.jp/gold/barge-ec/
キャビノチェ	03-6875-2144
JPP	048-731-8597
柴田園芸刃物	048-864-2311
SCHWINSEN	050-8881-5969
SWITCHBOT社	03-6416-9946
住友化学園芸	03-3663-1128
DAISO	https://www.daiso-sangyo.co.jp/
ダルトン	03-6722-0940
DQトレーディング	✉ da-ishii@dq-trading.com
ハイポネックスジャパン	06-6396-1119
プロトリーフ	https://protoleaf.co.jp/
murmures	https://murmures.co.jp/
Royal Gardener's Club	03-5731-6301

※本書に掲載されている情報は2023年4月現在のものです。店舗や商品の情報は変更となる場合がございます。

この度は本書をお手に取っていただき、
ありがとうございました。

この本を読んで「植物を育ててみたい」

「早く苗を買いに行きたい」

と思ってくださっていたら、とても嬉しいです。

植物は生き物なので、私たちとともに生長し、共存しています。
彼らの生長は日々小さなものですが、その姿は私たちに喜びを与えてくれます。
しゃべらなくても、動かなくても、植物がそこにいるということで自分が癒されたり、
楽しめたり、喜びを感じたりする瞬間がきっとあるはず！
その喜びをより多くの人に感じてほしい、
植物とともに生きるボタニカルライフを楽しんでほしいという思いから、
今の私の発信があります。

一人でも多くの人が植物を育てる素晴らしさに気づけますように。
より気軽に長く楽しく触れられますように。そのお手伝いができますように。
一緒にボタニカルライフを楽しみましょう！

くるみどりちゃんねる

staff

デザイン　細山田光宣　南 彩乃（細山田デザイン事務所）
カメラマン　内山めぐみ
イラスト　みやしたゆみ
編集協力　高田真莉絵
校正　麦秋新社
編集　安田 遥（ワニブックス）

初心者でも、一人暮らしでも、
日当たりの悪い部屋でも！

私のゆるっと植物生活

くるみどりちゃんねる 著

2023年6月2日　初版発行

発行者　横内正昭
編集人　青柳有紀
発行所　株式会社ワニブックス
〒150-8482
東京都渋谷区恵比寿 4-4-9　えびす大黒ビル
ワニブックスHP　http://www.wani.co.jp/
（お問い合わせはメールで受け付けております。
HPより「お問い合わせ」へお進みください）
※内容によってはお答えできない場合がございます。

印刷所　凸版印刷株式会社
DTP　株式会社オノ・エーワン
製本所　ナショナル製本

ISBN 978-4-8470-7311-3